カラー版 世界の教養が身につく ローマ史の愉しみ方

監修 本村凌二

宝島社新書

代ローマの遺跡、
フォロ・ロマーノ
（写真／アフロ）

まえがき

現在、マルクス・アウレリウスが書いた『自省録』が若い人に広く読まれているといいます。昼は各地で転戦しながら、夜は兵舎で自らを見つめなおした哲人皇帝マルクス・アウレリウス。その自らを見つめなおす姿勢は、不安な時代を生きる若者たちに、生き抜く指針を与えているといいます。

ローマ史は、ヨーロッパの人々にとって、さまざまな指針に満ちています。ローマ人は他民族の王政を倒した後、自らの王でもなく、ギリシアの民主政でもなく、共和政を選びました。それが、ギリシアの民主政をはるかに凌ぐ、500年続く政治体制を築きました。では、なぜ彼らは共和政を選んだのでしょうか。その理由を考えて、自らの指針にすることが、ヨーロッパの人々の教養の生かし方なのです。

ローマは共和政から帝政に変わります。そして、一時は共和政に戻ろうとしますが帝政を続けます。カリグラやネロなどという悪帝や暴君が出たにもかかわらず、その帝政を続けるのです。では、なぜ、帝政を選んだのでしょうか。

313年、皇帝のコンスタンティヌスはキリスト教を公認します。いままで多神教だった国が一神教に変わります。まったく違う神様です。では、なぜキリスト教を選んだのでしょうか。

ローマ帝国は西と東にわかれ、西ローマ帝国はその後100年もたたずに消滅しますが、東ローマ帝国は1000年近く続きます。その違いは何だったのでしょうか。

そして、建国から2200年続いた古代ローマも滅びます。なぜ、滅んだのでしょうか。

ヨーロッパの人々はその理由を考えながら、ローマの時代に思いを馳せます。その理由を考えることが、治世者には国の未来を、市民にはこれからの社会を思考する指針になります。だからこそ、彼らにとってローマ史は基本中の基本の教養なのです。

私たちもローマ史に触れて、次の日本の社会を考えてもらえればと思います。さまざまな伝説と物語と共に、あなたに、次の気づきを与えてくれるはずです。

編集部

目次

カラー版　世界の教養が身につくローマ史の愉しみ方

第二章 内乱の一世紀からネロ帝まで

第三章 五賢帝の治世と失われた遺風

第四章 軍人皇帝時代から西ローマ帝国の滅亡まで

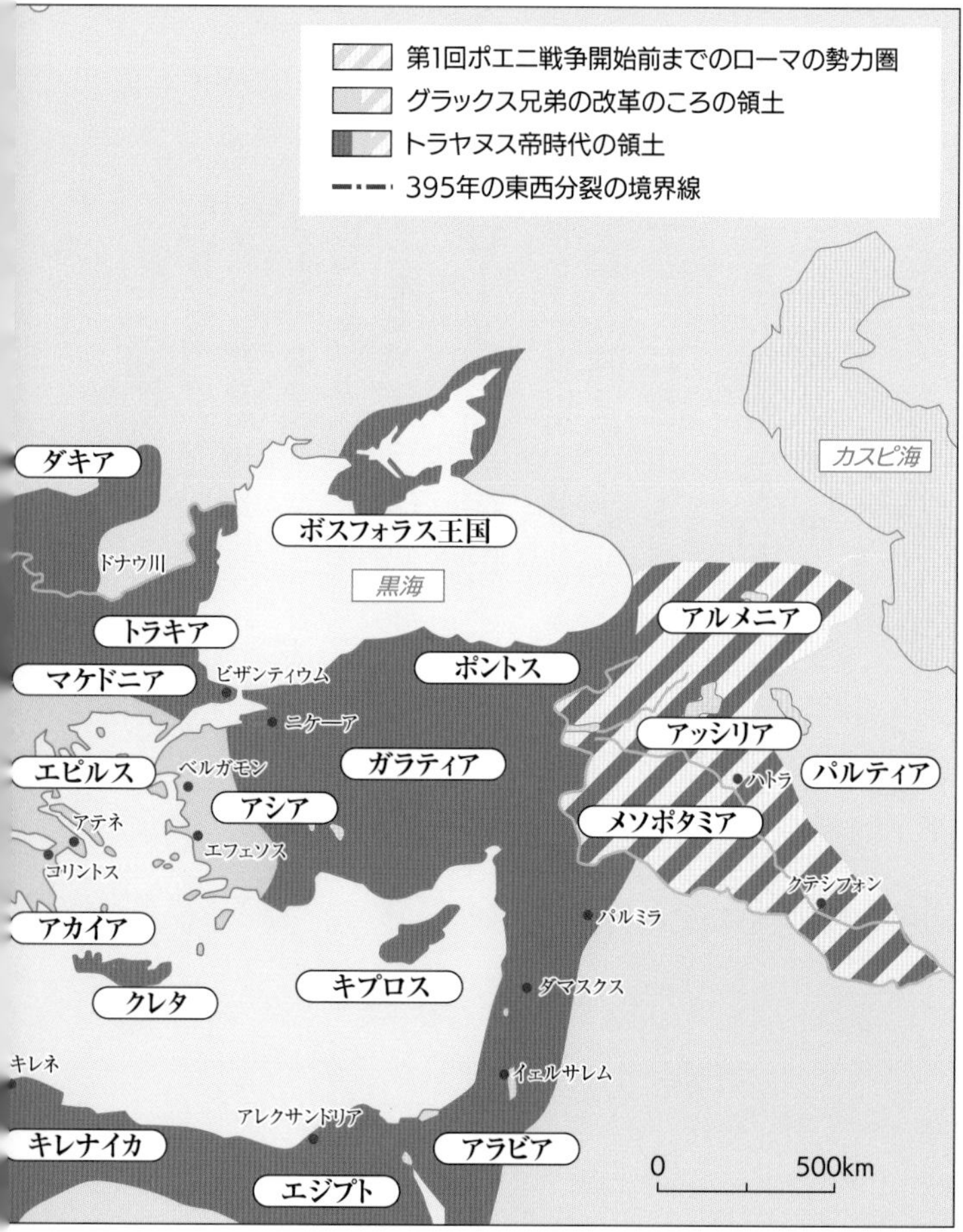
第1回ポエニ戦争開始前までのローマの勢力圏
グラックス兄弟の改革のころの領土
トラヤヌス帝時代の領土
395年の東西分裂の境界線
ダキア
ボスフォラス王国
カスピ海
ドナウ川
黒海
トラキア
アルメニア
マケドニア
ビザンティウム
ポントス
ニケーア
アッシリア
エピルス
ベルガモン
ガラティア
ハトラ
パルティア
アシア
メソポタミア
アテネ
コリントス
エフェソス
クテシフォン
パルミラ
アカイア
キプロス
ダマスクス
クレタ
キレネ
イェルサレム
アレクサンドリア
キレナイカ
アラビア
0
500km
エジプト

ローマ帝国の最大領域

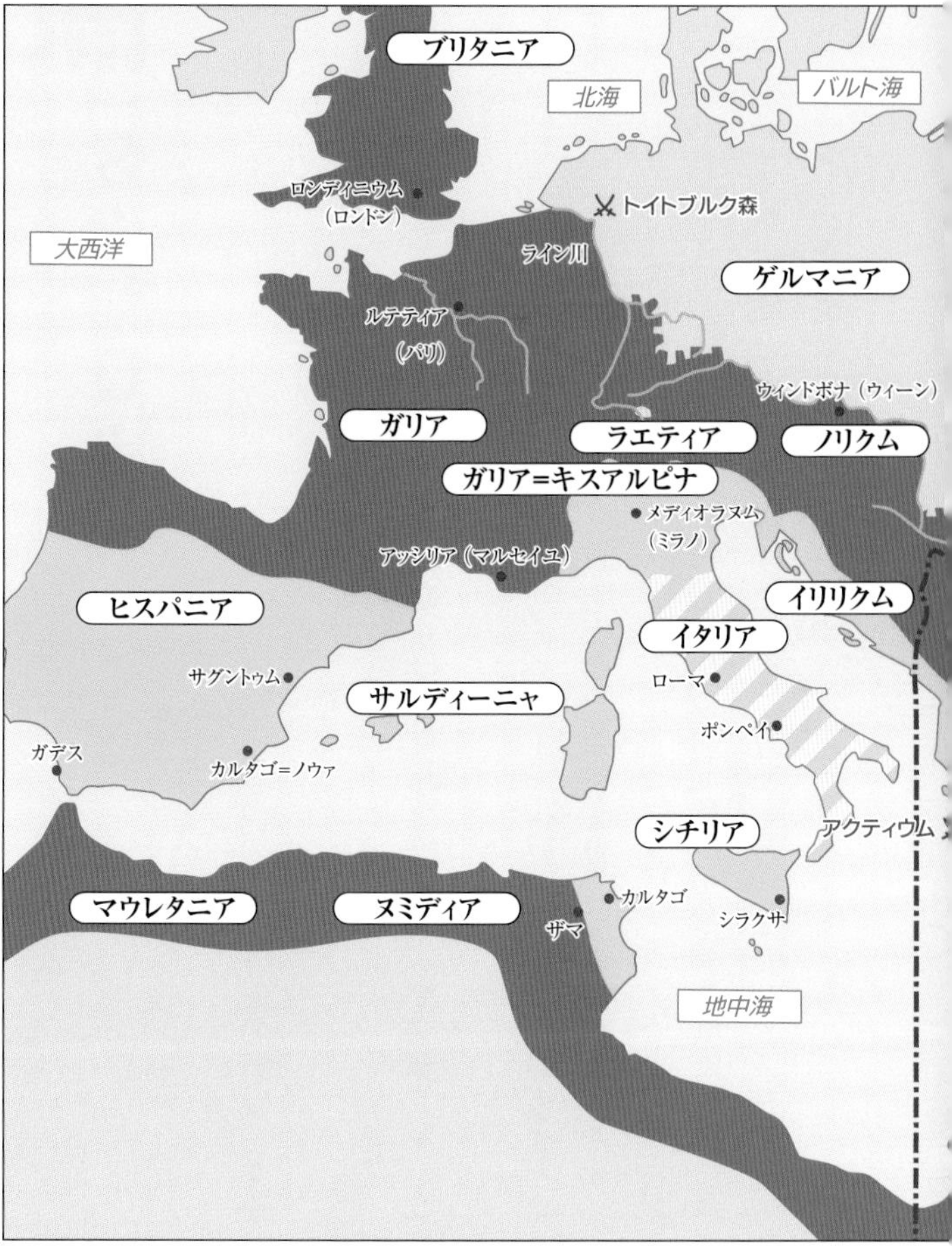

ブリタニア
北海
バルト海
ロンディニウム
(ロンドン)
トイトブルク森
大西洋
ライン川
ゲルマニア
ルテティア
(パリ)
ウィンドボナ (ウィーン)
ガリア
ラエティア
ノリクム
ガリア=キスアルピナ
メディオラヌム
(ミラノ)
アッシリア (マルセイユ)
イリリクム
ヒスパニア
イタリア
サグントゥム
ローマ
サルディーニャ
ポンペイ
ガデス
カルタゴ=ノウァ
シチリア
アクティウム
マウレタニア
ヌミディア
カルタゴ
ザマ
シラクサ
地中海

COLUMN 1

ローマ史を愉しむ鍵1

「S・P・Q・R」

コラムではローマ史を読み解くキーワードを5つのポイントで解説します。まず、「S・P・Q・R」です。

現在でも、この「S・P・Q・R」の文字は、ローマ市に行くといたるところで目にすることができます。建物の壁に取り付けられた紋章や、マンホールのふた、タクシーのドアなどにも刻まれています。

この言葉は、古代ローマの国家と、そのローマ市民であることの栄光と誇りを象徴する言葉です。そして、いまでもローマ市民の栄光と誇りの言葉なのです。

「S・P・Q・R」は「Senatus Populusqus Romanus（セナトゥス・ポピュルスクェ・ロマーヌス）」の略称で、直訳すると「ローマの元老院と市民」となります。古代ローマでは元老院と市民が主権者でした。もともと、この「S・P・Q・R」は古代ローマの主権者を表す言葉だったのです。

古代ローマは、元老院と市民が主権者であり基本的に平等であるといっても、身分制がありました。元老院がローマのリーダーであり指導者層で、貴族でした。そして、「S・P・Q・R」には、元老院という言葉がわざわざ示され、さらに市民の先にそれが書かれているということは、元老院主導の国家であることを表しているのです。

このことはギリシアと比べるとよりはっきりします。ギリシアのポリス（都市国家）では、このように市民を区別していません。

それでも、共和政の時代に入ると、国の主権者を表した言葉が、元老院貴族だけでなくローマ市民の栄光と誇りを表す言葉になりました。

皇帝といえども元老院を無視できなかった

その後、ローマは共和政から帝政に変わります。帝政になっても、ローマ市民の誇りを表す「S・P・Q・R」は変わりませんでした。初代のローマ皇帝になったアウグストゥスも、建前上は共和政を尊重し元老院から認められて皇帝になりました。

その後も、皇帝といえども、元老院から認められなければ皇帝にはなれなかったのです。ですから、「S・P・Q・R」に「皇帝（インペラトル）」を表すIの文字は入

ミラノのヴィットーリオ・エマヌエーレ2世のガッレリア（アーケード）にも描かれたローマの紋章（写真：アフロ）

ってはいません。
元老院主導の国家であっても、ローマの民衆は元老院の人々（元老院階級の貴族）に、ある種の尊敬を抱いていました。元老院階級の貴族は誇り高く、高潔な使命感と勇気を持っていたからです。
もちろん対立はありましたが、お互いの信頼もありました。その信頼ゆえにローマは国家として団結していたのです。ローマは「祖国」を発明した人々だといわれます。それは、「S・P・Q・R」の旗のもとに、ローマ市民としての栄光と誇りを持っていたからだと考えられます。

第一章

ローマ建国からカルタゴ滅亡まで

古代ローマ軍の密集隊形を実演するイベント「ロマヌス」(写真：ロイター／アフロ)

オオカミに育てられた!? 初代王ロムルス

古代ローマの始まりは、共和政ではなく王政でした。『ローマ建国史』（リヴィウス著）を抄訳した北村良和は、古今東西の国家は王政から始まったと記述しています。ローマも同じでした。ギリシア諸国のスパルタやテーベはもちろん、民主主義のアテネも最初は王様が支配していました。

ローマの初代王はロムルスです。伝説では、彼は牝狼に育てられたとされています。ローマのシンボルのひとつは、牝狼の乳を飲むロムルスです。

ロムルスの伝説はトロイから始まります。トロイは日本人もよく知る「トロイの木馬」のトロイです。ロムルスはトロイの戦いに敗北し落ち延びたトロイの王子アエネアスの末裔でした。トロイの血を受け継いでいるとしたのは、初代王の権威を高めるためでしょう。トロイはギリシアよりも歴史が古く、高度な文明を持っていました。

その後、トロイの王子アエネアスの息子アスカニウスはアルバ・ロンガの地にたどり着きます。彼は、そこに国を作りました。しかし、14代目の時に兄弟で跡目争いがおき兄ヌミトルが追われ、弟アムリウスが王位につきます。そして、ヌミトルの男の子どもたちがすべて殺されてしまいます。

ただし、弟アムリウス王はヌミトルの娘レア・シルヴィアだけは唯一生かし神殿の巫女にしました。そして、結婚も男と交わることも禁止しました。

しかし、その禁を犯してシルヴィアは双子の兄弟を産みます。それがロムルスとレムスです。しかも、禁を犯した相手が軍神マルスであったのです。

双子の兄弟の父親は軍神マルス、神です。そして母はトロイ王子の末裔。由緒正しい血がロムルスには流れているということです。

川に捨てられた双子を助けた牝狼

その後、生まれた双子は王の命令で川に捨てられますが、そこを助けたのが牝狼です。ロムルスとレムスに乳をやって身体を優しく舐めます。その時、偶然、そのそばを通りかかった王の家畜番の親方が、それを見て双子を小屋に運び入れて、妻に育てるよう命じました。

これが彫像にもなっている「カピトリーニの牝狼」です。狼が双子に乳をやっているシーンの彫像です。ちなみに、「牝狼」とは羊飼いに肉体の奉仕をする女性を呼んだ言葉だったといわれます。羊飼いの親方（双子を拾った家畜番の親方）の妻は、尻軽女で、実は双子の本当の母だったのではないかと考える人たちもいます。

古代、捨て子は珍しくありません。預言者モーゼも捨て子です。しかし、牝狼の登場は珍しいのです。何らかの符号があるのではないかと思わざるを得ません。

ロムルスとレムスの双子の兄弟は、成長すると、地域のならず者の頭目として力をつけるようになります。当時は、地域社会から飛び出したり追い出されたりした者は、その外で徒党を組むようになります。捨て子だったロムルスとレムスの兄弟もそうだったのでしょう。そして、自分たちが王の継承権をもつ祖父ヌミトルの孫であることを知ります。とうとう、二人は、祖父ヌミトルを追い出したアムリウス王を倒し、王位をヌミトルに取り戻します。

その後、双子の兄弟は新しい国を建設しますが、その国の支配権をめぐって争いが起きてしまいます。結局、その争いに兄のロムルスが勝利します。そして、その国の名をロムルスの名にちなんでローマと名付けました。

ローマ最古の美術館カピトリーニに飾られた彫像「カピトリーニの牝狼」のレプリカ（写真：アフロ）

エトルリア人の王政を倒し、共和政を選んだローマの人々

ローマの伝説に「サビニ女の略奪」があります。ヨーロッパの人々にはよく知られた話です。ロムルスはローマの国づくりを始めますが、国民の多くが男性でした。地域社会からはみ出した、ならず者の国ですから、どうしても男性が多くなります。

ロムルスは国づくりのため、女性を求めます。女性がいなければ子どもたちが生まれません。周りの国々に女性を提供するよう交渉しますが、ならず者の国に女性を差し出す国はいません。

そこでロムルスは策略を練ります。お祭りを催し周りの国々の人々を集めます。そして、人々がお祭りに酔いしれているときに女性を強奪したのです。もちろん周りの国々は黙っていません。戦いを仕掛けますが、ロムルスのローマは撃退します。

ロムルスのローマと最後に戦ったのがサビニの国です。激しい戦闘になりますが、そのとき、ローマとサビニの戦いを間に入って止めた者がいました。それがサビニの

女性たちです。サビニの女性たちは言います。

「どちらに犠牲が出ても、私たちは悲しい思いをします。争いを止めてください」

サビニの女性にとって、サビニの男性たちは父であり、一方、ローマの男性たちは夫です。どちらに死者がでても彼女たちは悲しい思いをするのです。この言葉にローマとサビニの戦いは終わりました。そして、両国は統一していくことになります。

エトルリア人の王を追放したローマの人々

初代王ロムルスからローマの王政は7代続きます。当初の王はローマ人とサビニ人で交互に担っていましたが、5代目からの王はエトルリア人でした。当時のイタリアの先進民族はエトルリア人でした。ローマから北の豊かなトスカーナ地方を支配していたのも彼らです。トスカーナは「エトルリア人の土地」を意味する言葉です。

しかし、7代目の王の時に王政は倒されます。7代目の王の息子が、貞淑な人妻ルクレティアを強姦したのです。ローマの男たちが、宴席で、どの妻が貞淑で優れているか「妻自慢」で盛り上がりました。しかし、結論がでず、ここで話していてもらちがあかないと、いま、妻たちがどうしているか見に行こうとなったのです。

ほとんどの妻が遊びほうけている時、唯一、機織りをして夫の帰りを待っていたのが、コラティヌスの美しい妻ルクレティアだったのです。

この話を聞いた王の息子セクストゥスは、「そんな優れた女性なら、その貞淑を試してみようじゃないか」と、夫の留守を狙って彼女を襲ったのです。ルクレティアは抵抗しますが、セクストゥスに「抵抗すれば、奴隷と姦通したときに殺されたように、奴隷と一緒に殺して死体を並べるぞ」と脅され、抵抗することをあきらめます。

しかし、ルクレティアはセクストゥスが去ると、自分の夫と父親、そして信頼できる友人を集め、すべてを打ち明けます。夫はその言葉に妻を許しますが、彼女は「罪は免れても、罰から逃げません」と自らの胸に短剣を突き立て、命を絶ったのです。

これに怒りを爆発させたのが、一部始終を見ていた友人のブルトゥスです。ブルトゥスは短剣をルクレティアの胸から引き抜くと、「これ以上、王家の暴虐非道を許せない！　いまこそ、王家を追放しよう」と叫んだのです。

この声に、エトルリア人の王による支配に不満を募らせていたローマ民衆は応えます。ローマの民衆は集会を開き、王家の一族の追放を決議します。そして、王家を追放したのです。ここに、ローマの王政は終わりました。

前8世紀ころのイタリア

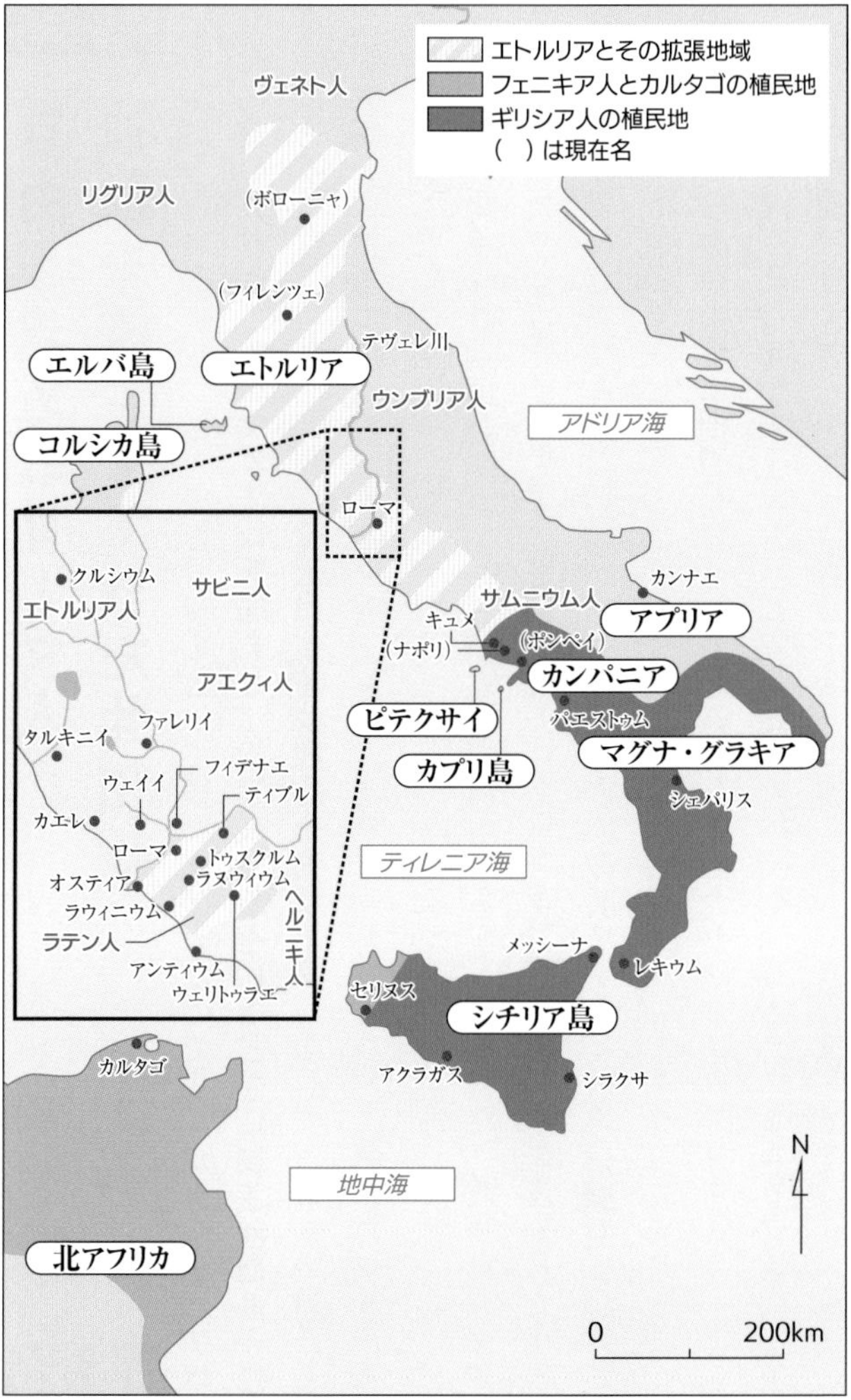

『教養としての「ローマ史」の読み方』(PHP研究社) より作成

自由を求めるローマ人が独裁を嫌ってできた共和政

紀元前509年、ローマは王政を廃止し、王に代わるものとして任期1年限りの指導者である執政官（コンスル）を選出する共和政を選びます。そして、最初の執政官はレクレティアの夫であるコラティヌスと、「王家を追放しよう」と叫んだブルトゥスがなりました。

ローマの共和政は「民会（コミティア）」の選挙によって選ばれた「政務官（マギストラトゥス）」が国政を担っていました。任期は1年です。同じ人が連続して任務に就くことはできません。この政務官の最高位が執政官であり、彼らは戦時には軍の最高司令官も兼ねます。彼らの任期も先述したように1年で、二人を立てることで、独裁が起こらないように牽制し合うシステムとしました。

では、なぜ、ここまでローマ人は独裁を嫌ったのでしょうか。エトルリア人の王家を追放した後、ローマ人やサビニ人の王を立てることもできたはずです。

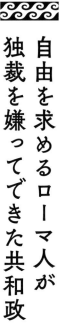

しかし、彼らは共和政を選びました。それは、ローマ人が「自分たちは自由人である」という強い意識を持っていたからだと考えられます。一人の人間に支配されることを自由が侵されるものとして拒否したのです。しかし、共和政ローマにも身分区分がありました。それは厳密で、身分を超えた婚姻は許されず、同じローマ市民でも貴族と平民には投票の割り当て数にも大きな差がありました。

それでも、平民も同じローマ市民として「自由人」であると認識していました。冒頭のコラムでも書きましたが、ローマの人々は「S・P・Q・R」にローマ市民としての栄光と誇りを抱いていました。元老院や貴族に関しても身分の違いはあるといえ、尊敬する存在でした。

ローマ人に祖国意識を抱かせたものとは⁉

ローマ軍の戦いに「密集隊形」というものがあります。兵士たちが一つに固まり、まわりに盾を立て敵の攻撃から身を守りつつ、敵陣に攻めていきます（13頁、32－33頁の写真参考）。バラバラで戦うのではなく、一つにまとまって戦うことによって団結力を生み出しました。戦いは一人一人がするのではなく、ローマ人皆で戦う。それが、ローマという国を一つにする大きな原動力になったと思われます。

他にも、もともと農民だったローマ人は土地に強い執着心を持っていました。祖国の土地がローマ人にとって、とても大切なものでした。共和政時代のローマの人々は常に祖国の土地を守り拡大するために、国を強くすることを考えていました。

だからこそ、ローマの人々は体を張って祖国を守る戦いに挑む英雄たちを生み出し、そのような人々を尊敬し敬ってきたのです。そして、その戦いに挑む貴族たちに尊敬の念を抱いたのです。それが自由の下にも一つのローマを生み出したと思われます。

ローマ人が誇りに思う「S・P・Q・R」の意味は「ローマの元老院と市民」です。その元老院とはどのようにできたのでしょうか。

はじまりは初代国王ロムルスまで遡るといわれています。当時の王の諮問機関として30の氏族の長にあたる者たちから選ばれたのが元老院議員（パトレス）で、当初は100名ほどだったのが、共和政期には300人ほどになっています。元老院議員の任期は終身で、本来の役割は政務官や民会への助言ですが、実質的に彼らがローマの貴族であり実権を握っていました。だからといって平民が彼らの圧政にひたすら耐えていたわけではなく、不満があれば貴族に対して自らの意見を主張しているのです。

共和政のしくみ

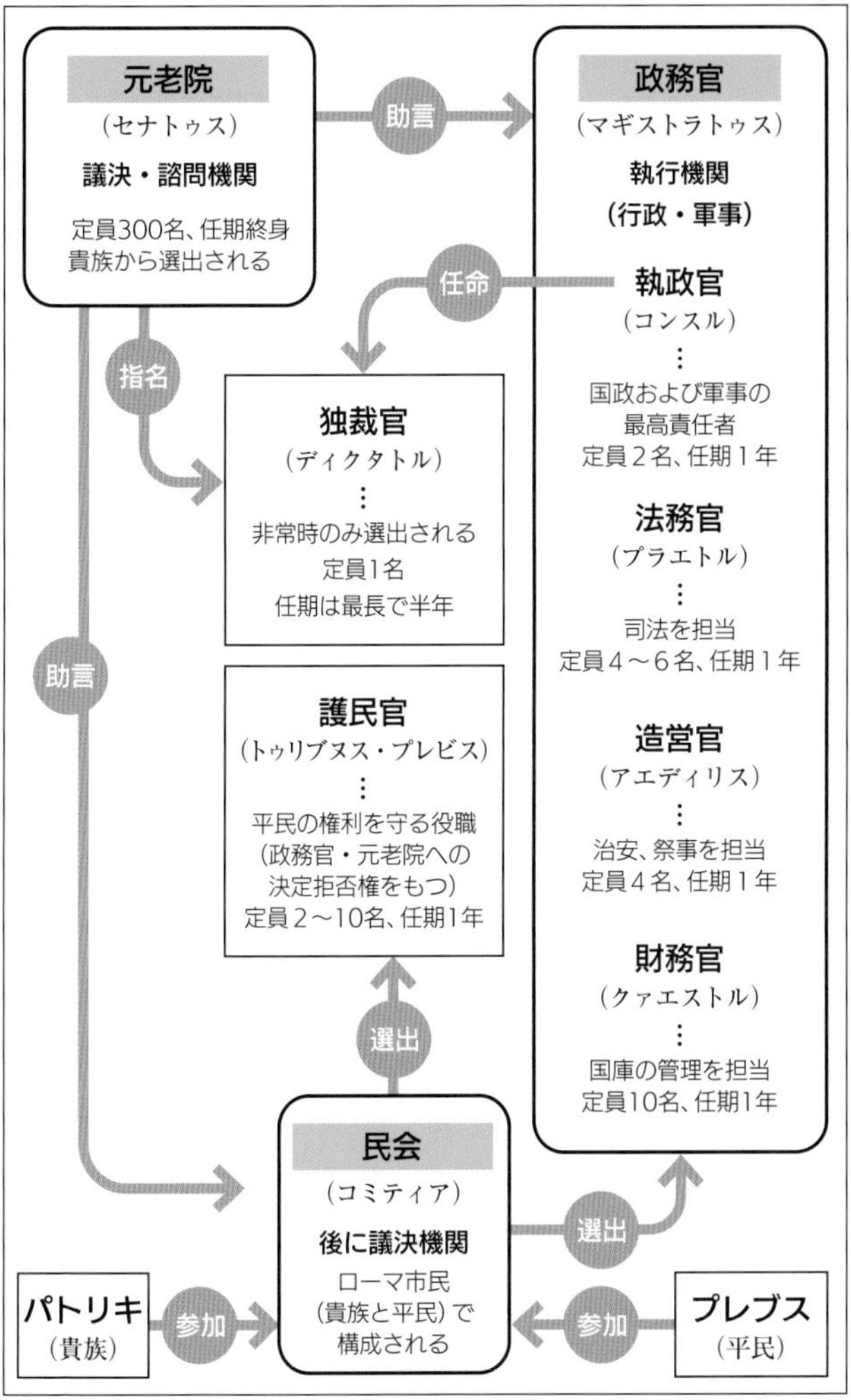
元老院
（セナトゥス）
議決・諮問機関
定員300名、任期終身
貴族から選出される
助言
政務官
（マギストラトゥス）
執行機関
（行政・軍事）
任命
執政官
（コンスル）
国政および軍事の
最高責任者
定員２名、任期１年
指名
独裁官
（ディクタトル）
非常時のみ選出される
定員1名
任期は最長で半年
法務官
（プラエトル）
司法を担当
定員４～６名、任期１年
助言
護民官
（トゥリブヌス・プレビス）
平民の権利を守る役職
（政務官・元老院への
決定拒否権をもつ）
定員２～10名、任期1年
造営官
（アエディリス）
治安、祭事を担当
定員４名、任期１年
財務官
（クァエストル）
国庫の管理を担当
定員10名、任期1年
選出
民会
（コミティア）
後に議決機関
ローマ市民
（貴族と平民）で
構成される
選出
パトリキ
（貴族）
参加
参加
プレブス
（平民）

『教養としての「ローマ史」の読み方』（PHP研究社）より作成

ローマの共和政とギリシアの民主政

章の冒頭でも書いたように、ローマ同様ギリシアも当初は王政でした。ギリシアは王政から民主政になります。ローマは王政から共和政になりました。

ところで共和政と民主政の違いは何でしょうか。共和政は王政に対する言葉で、王のいない政治体制を表します。民主政は共和政の一つともいえますが、市民が平等に権利を持ち政治に参加する制度です。ローマには元老院があり、貴族が平民より高い投票権がありました。ちなみに、本書では共和政は共和制と書きません。共和制は現在の三権分立の制度を指すものです。その誤解を避けるため共和政と記述します。

アテネの民主政は市民権を持っている者はだれでも直接政治に参加できるというものです。そして、アテネの最高議決機関は市民の総会である「民会」です。重要事項はこの民会の多数決で決められ、そうでないものは市民から選ばれた５００人による「評議会」で決議されます。

アテネは独裁を防ぐために、この評議会の議員の任期を1年としました。そして、一生に2回しか議員になることができないようになっていました。さらに「陶片追放／オストラキスモス」という制度がありました。独裁になりそうな人物を陶片に書き投票し、多くの票の集まったものを十年間国外追放しました。

個人の自由意識の高かったギリシア

では、なぜ、ギリシアはこのような民主政を選んだのでしょうか。それは、ギリシアでは個人の自由意識が高かったからだと思います。ローマの自由意識は集団に根付いたものでした。ギリシア人の部落集団は成員間の身分差がほとんどなく「村落社会」だったようです。そのため、市民間の平等意識がかなりはっきりしていたと考えられています。その点はローマの身分差がはっきりしていた氏族社会とは違います。

しかし、ギリシアの民主政は50年ほどしか続きませんでした。ローマの共和政が500年続くことを考えると、民主政が安定的な政治体制であったとはいえません。

民主政の欠点としては、政治指導者が優秀であるかどうかにかかっているところがあります。民主政といえども、多くの市民が常時、政治のことを考え続けることはできません。やはり、政治や外交、他国との戦争など常に注意を払い、将来を考えるべき人が必要になります。その人が優秀であり、人々を説得できる力があれば、多くの市民もその人について行けばいいわけです。

しかし、将来を見通せる能力がない者が説得力を持ち指導者になると悲惨です。国の方向を見誤り、市民を喜ばせる口先だけの政治になります。これに対して、ギリシアの哲学者プラトンは、本当に賢い人が行う独裁政がいいと主張しています。また、アリストテレスは貴族政がいいと主張しました。言い換えれば共和政です。貴族であれば、それなりの教養を身につけ富もあり、公金を不正に使うことはない、だから、貴族集団が民衆を導く貴族政がいいと説きました。

ローマは地中海に1000以上もあった小国（ポリス）から唯一大国になった国です。なぜ、なれたのか。それは前2世紀の歴史家ポリュビオスが考察しています。ローマはギリシアと違って、「二人の執政官」、「元老院」、「民会」が常にバランスを取って政治を行っていたからだといいます。元老院は強かったけれど、民会や執政官も力を持っていました。執政官が独裁に走れば元老院が諫《いさ》め、元老院が力を持ちすぎれば民会が意見を言う。そのバランスがローマを大国にしたというわけです。

アテネの直接民主政のしくみ

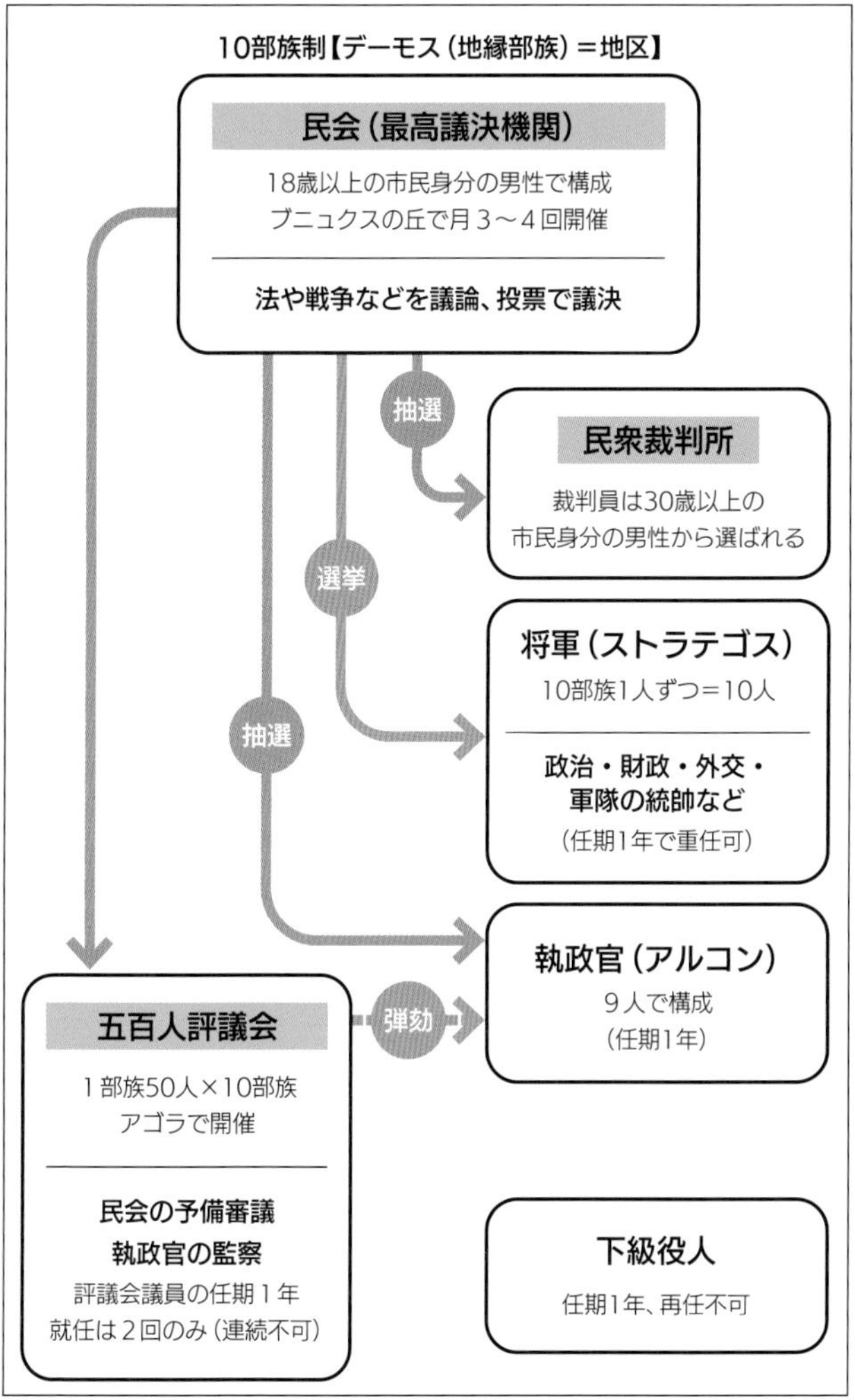

『教養としての「ローマ史」の読み方』（PHP研究社）より作成

ローマ軍の強さの秘密
屈辱を絶対に忘れない！

「カウディウムの屈辱」という逸話があります。ローマ軍に攻め込まれようとしていたサムニウム軍が羊飼いに扮した兵士を使ってローマ軍を騙し、カウディウムという渓谷に彼らをおびき寄せたのです。そして、入ってきたローマ軍を完全包囲しました。

全滅を覚悟したローマ軍ですが、敵将ポンティウスはローマ軍に講和を提案します。彼が提案した講和の条件は2つありました。一つは「ローマが占領した土地を返すこと」。そしてもう一つは「敗北を認め、服従の意を示す儀式を行うこと」でした。

その儀式とは、ローマ軍の兵士たちが裸になり、牛や馬の首にはめる頸木《くびき》に見立てた槍の下をくぐるというものでした。牛馬以下を示す屈辱的行為です。

誇り高いローマの兵士たちにとって、そのような儀式は死よりも辛いことでした。多くの兵士たちはそのような屈辱より、最後まで戦って死ぬことを望んだといいます。しかし、遠征軍の指揮官たる執政官はローマ兵を生還させることを選びました。

帰還したローマ兵を向かい入れたローマ人たちと元老院の長老は、彼らとともに復讐を誓ったのです。「（帰還兵らの）この陰鬱な沈黙はやがて嵐のごとくサムニウム人に襲いかかる。敵どもに頸木の下をくぐらせ、城壁を吹き飛ばしてしまうのだ」と。

この言葉通り、その後、ローマ軍は指揮官を変えてサムニウム軍を打ち負かし、敵将のポンティウスと兵士たちを頸木の下をくぐらせたのです。

君主論で有名なイタリアの政治思想家マキアヴェリは、著書で「あのとき、サムニウム人はローマ軍の兵士全員を殺すべきであった」と書いています。そして、「なぜならローマ人は、屈辱が大きければ大きいほど復讐心に燃える民族なのだから」と説明しています。ローマ軍の強さの一つは屈辱に対する激しい復讐心にあります。

攻めにも守りにも強い密集隊形

ローマ軍の強さは、軍紀の厳しさにもあります。前432年に反乱軍を鎮圧したアウルス・ポストゥミウス・トゥベルトゥスは、自分の息子を処刑しています。

それは、彼の息子が血気にはやり、密集隊形から一人飛び出し敵将を打ち取ったからです。敵将を打ち取ったとはいえ密集隊形から飛び出すことは軍紀違反でした。規

律を犯したものは、成果を上げた息子であっても許されることではありませんでした。

密集隊形もローマ軍の強さでした。この密集隊形をローマ軍はギリシア軍から学びますが、それよりも柔軟性がありました。密集隊形は盾を前に構え長い槍を持った兵士たちが横一列に並び、その隊列が縦に幾重にもなってひと固まりを作り、敵陣に向かっていく戦法です。

守る時は盾で周りを囲み、敵からの攻撃を食い止めます。攻めるときは、一列目が長い槍で相手を攻撃します。一列目が疲弊したら、二列目の兵士たちが前に行き、そして三列目、四列目と次々に交代し、敵を追い込んでいきます。交代の間に兵士たちは休憩をとることができます。さらに、ローマ軍は密集隊形の前に若い兵士をおき、彼らに敵と戦わせます。そして、敵がばらけたころを見計らって密集隊形の一列目が突撃します。密集隊形とその柔軟な運用がローマ軍を強くしました。

ローマ軍の強さは、

騎兵の攻撃を受けながら防御陣形を披露するレジオXフレテンシス（マルタ）再現グループのメンバー。イベント「ロマヌス」でのシーン（写真：アフロ）

他にもあります。負け戦の将を処罰しないことです。処罰より失敗を生かして次の戦いの糧とさせます。

そして、その強さを支えたのが、ローマ人の祖国を思う気持ちです。祖国のために死ぬことも辞さない、その思いがローマ軍をして世界最強にさせたのです。

ローマ軍を脅かしたハンニバルのカンナエの戦い

屈辱をバネにして敵を倒していくのがローマ軍の強さの秘密ですが、それは戦いに負けたことが何度もあることを意味しています。ローマ軍は全戦全勝ではなく、最後の最後に勝ってきたのです。

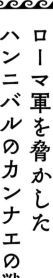

そのローマ軍の前に立ちはだかったのがハンニバル・バルカです。ハンニバルはカルタゴの将軍ハミルカル・バルカの息子です。ハミルカルは第一次ポエニ戦争（カルタゴとローマの戦争）でローマ軍に敗北した将でした。ハンニバルは、小さなころから父親によってローマに復讐することを神殿で誓わされます。

カルタゴは第一次ポエニ戦争で敗北し、莫大な賠償金をローマに課せられますが、地中海貿易で得た経済力で完済します。そして、ローマに戦争を仕掛けたのです。第二次ポエニ戦争です。その時の将軍がハンニバルでした。ハンニバルはヒスパニアに渡り、アルプス山脈を越え、ローマ軍が想定していなかった北方からイタリアに攻め込み各地を蹂躙していきます。

しかし、アルプスは2000m級の山々が連なる厳しい環境で、山の周囲にはガリア人がおり、彼らとも戦わなければなりません。ハンニバルもアルプス越えをしたころには歩兵5万が2万に、騎兵9000が6000に、そして軍象が37頭から20頭に減っています。それでも、ハンニバルは兵士たちにイタリア平原を指して「あれがお前たちのものになるのだ」と鼓舞しました。

ローマにとって北からハンニバルが来ること自体想定外でしたが、それ以上に軍象に驚きます。軍象たちは巨大な脚で敵を踏みつぶしていきます。ローマの兵士たちはその姿に驚愕したに違いありません。当初ローマは直接対決を回避し焦土作戦をとります。カルタゴ軍の来るところを焦土にし彼らに食料や物資を与えないようにしたのです。しかし、焦土にされた地域はたまったものではありません。結局、この時の独裁官は罷免、新たな独裁官が任命されカルタゴ軍との戦いに挑むことになります。

元老院議員80人、兵士5万人が犠牲に

ローマ軍がハンニバルの軍と対峙したのは前216年、イタリア南東部のカンナエ

です。戦力はローマ軍が歩兵7万、騎兵6000。一方、ハンニバルのカルタゴ軍が歩兵4万、騎兵が1万でした。騎兵以外は、士気も含めてローマ軍が上回っていたのです。さらに、カルタゴ軍の歩兵の多くがガリア人中心の傭兵でした。

戦いの当日朝、朝靄がまだ晴れないうちからローマ軍は陣形を組み、歩兵が前に進み出ます。一方、カルタゴ軍の歩兵は中央部が飛び出た弓なりの陣形です。カルタゴ軍の先頭部分はローマ軍に押される形で、後ろに下がっていきます。

ローマ軍はそれに吊られるように、前に前に進んで行きます。後ろに下がるカルタゴ軍、押し進んでくるローマ軍。ローマ軍が勝っているように見えました。しかし、実際はハンニバルの作戦でした。カルタゴ軍歩兵が傭兵の寄せ集めであることを知っていた彼は、歩兵をおとりにローマ軍をカルタゴ軍の奥まで誘い込んでいたのです。

その時、両サイドにいたカルタゴ軍の騎兵が、ローマ軍に襲いかかりました。カルタゴ軍の奥深くまで入り込んでいたローマ軍歩兵は、カルタゴ軍の騎兵に周りを完全に包囲され、逃げ場所もなく壊滅的な敗北を喫します。

これが戦史に残るカンナエ（カンネー）の戦いです。この戦いによってローマ軍は元老院議員が80人、兵士5万人が犠牲になりました。ローマ軍最大の敗北でした。

カンナエの戦い

① ローマ軍とカルタゴ軍の布陣。ローマ軍の方が圧倒的に歩兵は多かった。

② 中央のローマ軍歩兵が前進。これに押されたフリをして、中央のカルタゴ軍歩兵が後退。一方、両翼のカルタゴ軍歩兵と騎兵は前進。

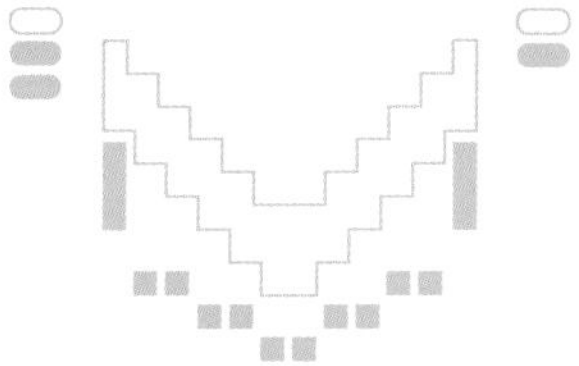

③ カルタゴ軍騎兵がローマ軍騎兵を駆逐。

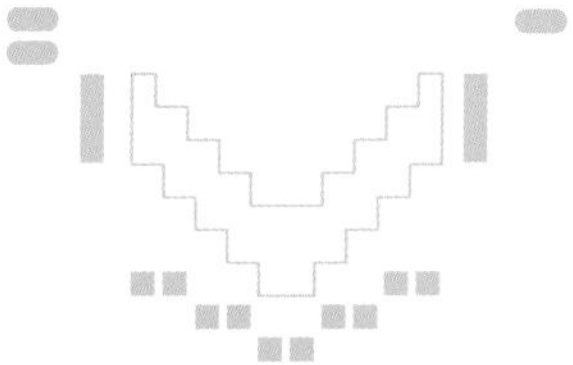

④ カルタゴ軍騎兵はローマ軍の背後に、カルタゴ軍歩兵がローマ軍の左右に回り込み、ローマ軍を完全包囲。

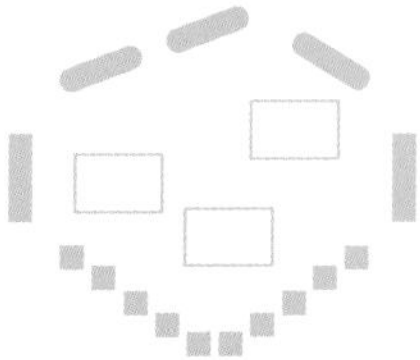

『はじめて読む人のローマ史1200年』（祥伝社新書）より作成

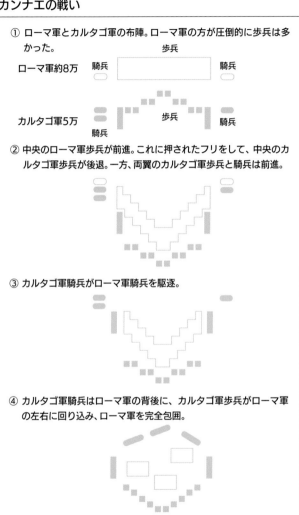

ザマの戦いでハンニバルを一蹴
若き将軍スキピオ・アフリカヌス

ハンニバルに壊滅的敗北を喫したローマ軍でしたが、それ以上の攻撃を仕掛けなかったハンニバルに助けられ、ローマ軍は復活することになります。さらに、ローマの同盟国は裏切ることなく、カルタゴ側につく国はほとんどありませんでした。

それによって、何とか軍を立て直したローマでしたが、それでもハンニバルと戦おうとする人物は現れませんでした。あまりの敗北に、屈辱に燃えるローマ人も立ち上がれなかったのかもしれません。

そのなかで、名門コルネリウス氏族のスキピオ家から一人の若者が名乗りを上げます。後に大スキピオことスキピオ・アフリカヌスの名をいただくスキピオです。

しかし、年齢は25、6歳。元老院は彼に、簡単には指揮権を渡さず、「それほど言うのなら、お前に全ローマの指揮権を与えよう。その代わり、兵員の調達は自分でやりなさい」と、軍備の調達は自分でしろと命じたのです。

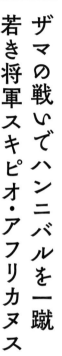

それでも、スキピオは対ハンニバルの軍を組織します。そして前202年、戦いが勃発します。

カルタゴの死傷者2万、ローマは2000人

カルタゴ本国の南西部に位置するザマで、スキピオのローマ軍とハンニバルのカルタゴ軍がぶつかりました。戦力はローマ軍が歩兵2万9000、騎兵は6000。一方、カルタゴ軍は歩兵3万6000、騎兵4000、軍象80頭です。

戦力はハンニバル側の方が上回っていましたが、結果はカンナエとまったく逆になります。カルタゴ軍の騎兵部隊を支えていたヌミディア軍騎兵がローマ軍のスキピオ側についたのです。ローマ軍の騎兵6000のうち、ヌミディア軍の騎兵は4000にもなりました。

もともとヌミディアはカルタゴの隣国で、カンナエの戦いではハンニバルの騎兵部隊にいました。その騎兵がスキピオについたのですから、結果は自ずと分かります。

スキピオは事前にカルタゴ・ヌミディア連合軍を破ったことで、ヌミディアの王をローマ寄りのマッシニッサに変えていたのです。

ザマの戦いでは、ローマ軍歩兵の隊列の前に、カルタゴ軍の80頭の軍象が対陣していました。その軍象がローマ軍に突撃してきます。しかし、ローマ軍はその軍象とは戦わず部隊に隙間を空けて、その隙間に軍象を通し、スルーします。あっけにとられたのはその軍象たちです。肩透かしをくったのです。

その間にローマ軍の騎兵はカルタゴ軍の騎兵に戦いを挑み、彼らを四散させます。そして、軍象をスルーしたローマ軍歩兵とカルタゴ軍歩兵が対峙します。しかし、カルタゴ軍歩兵は前線こそ傭兵ですが、後方は市民歩兵でほぼ機能しません。ローマの市民と違って、カルタゴの市民は日ごろ戦闘訓練を受けていないのです。

そこに、カルタゴ軍の騎兵を四散させて戻ってきたローマ軍騎兵が後ろから襲い掛かります。

結果はローマ軍の圧勝でした。カルタゴ軍の死傷者が2万人なのに対し、ローマ軍の死傷者はわずか2000人ほどでした。そして、ザマの戦いでカルタゴが大敗したことで、第二次ポエニ戦争はローマの勝利で終わりま

ザマの戦いの一シーン。スキピオ・アフリカヌス（大スキピオ）がハンニバルのカルタゴ軍に勝利した（絵：マイスター、ロミッシャー、プーシキン美術館蔵、写真提供：アフロ）

した。

そして、散々苦しめられたローマはカルタゴに過酷な和議の条件を突きつけました。それは二度とカルタゴをローマに敵対できないように考えたものでしたが、それでもカルタゴは復活します。

地中海のライバルカルタゴを殲滅したローマ

第二次ポエニ戦争でローマがカルタゴに突きつけた和睦の条件は非常に厳しいものでした。

・脱走兵および捕虜の返還。
・人質100人。
・船は10隻を残して、軍象はすべて没収。
・ローマの同意を得ない交戦はいかなる場合も認めない。
・1万タレントの賠償金を銀で支払うこと。

カルタゴは船を失ったことで地中海の覇権争いから事実上撤退を余儀なくされます。

しかし、そのカルタゴは数年後に復活したのです。

ローマで、カルタゴの脅威を常に訴え続けてきた人物にカトー・ケンソリウスがいます。彼は元老院の大物の一人でした。

カトーは、第二次ポエニ戦争後、数年たってカルタゴを訪問しています。そこで彼が見たものは驚くほど豊かに復興したカルタゴでした。肥沃な土地、活動的な市街、そして豊富な艦船の資材があったのです。

実際、カルタゴは50年で返還する約束だった賠償金1万タレントを一括で支払いたいと申し出ました。1万タレントの賠償金は、敗戦当時のカルタゴの農業生産額が200タレントだったので、その50年分と考えてつけられた額です。それが数年で一括返済できるようにまで、カルタゴは復興していたのです。

カルタゴが経済的に復興できたのは、巨大な軍事費がかからなくなったからです。再軍備を禁じられたことで、平時の経済活動に資金をつぎ込むことができるようになりました。日本の戦後の復興と同じです。

二度と家も穀物もできないよう土地に塩をまいた

このカルタゴの復活を目にしたカトーは、元老院でカルタゴから持ち帰ったイチジクを掲げながら、「この見事な果実が熟す国へは、ローマからたった三日の船旅で行けるのだ」。だからこそ、「カルタゴを滅ぼさなければならない」と主張しました。彼はカルタゴの殲滅《せんめつ》を声高に叫んだのは、地中海の覇権をローマが完全に握るためでした。彼のバックには銀行家と大商人がついていました。だからこそ、商売の最大のライバルであったカルタゴを潰したかったのです。

それに対してスキピオ・ナシカは「ローマは統治によって貿易都市の生存権をあたえるべきだ」と抵抗します。しかし、前149年ローマはカルタゴに宣戦布告します（第三次ポエニ戦争）。カトーが85歳の生涯を終えた直後でした。

勝負は最初からローマの勝ちでした。再軍備もままならないカルタゴに勝ち目はありません。しかし、カルタゴは決して降伏しませんでした。ローマもかたくななカルタゴを徹底的に破壊しました。陥落したカルタゴの街並みを焼きつくして瓦礫をならし、家に隠れていた市民も無残に殺されています。そして、生き残った5万人強の人々（元の人口の10分の1）はすべて捕虜となり、奴隷にされています。

スキピオ・ナシ

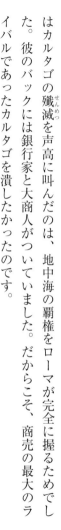

チュニジアのカルタゴに残る「ビュルサの丘」。第三次ポエニ戦争末期の前146年にスキピオ・アエミリアヌス（小スキピオ）の率いるローマ軍に敗れ陥落した（写真：アフロ）

カはカルタゴの街の保存を望みましたが、それもむなしく、大地は鋤で掘り起こされ、二度と家も穀物もできないように、地に魔法（塩）がまかれました。そして、ローマは地中海最大のライバル国家だったカルタゴを、ライバルゆえに徹底的に壊滅させたのです。

COLUMN 2

ローマ史を愉しむ鍵2

「共和政ファシズム」

「共和政ファシズム」という言葉を使っているのは、本書の監修者である本村凌二です。彼は古代ローマの政治システムは軍事システムと不可分のものであり、その点が共和政期のローマを理解する上で大切であると語ります。確かに、古代の国は戦争で国を拡大していました。隣の国の領地を奪うことで大きくなっていったのです。そして、それは国だけでなく、農民たちもそうでした。本村は以下のように指摘します。

「古代の『国家』は、市民共同体であると同時に戦士共同体でもあるのです。『農耕市民＝戦士』であるということは、古代のポリスを定義する際の大事なポイントです」「市民は、平時は農耕に従事する農民ですが、戦時になると同じ人が戦士となります。普段は温厚で実直な農耕民が、戦争になると戦利品を奪ってきたり、土地を占領したりと暴力的な行為をするということです」（以上、本村凌二著『教養としての「ローマ史」の読み方』より。以下カッコ内同）。

私たちは、共和政の文字を目にすると、何でも話し合いで決めていたように思います。しかし、古代では当たり前のように、他の国との戦争では、農民も戦利品や新しい土地を求めて、まさしく命がけの暴力で戦ったのです。

一方、貴族たちは戦利品より大切なものがありました。「それは、戦いで武勲を挙げることです。彼らにとっては武勲こそが勲章であり、モチベーションだったのです」。

彼らは「ローマでは戦争に勝利すると凱旋門を作ったり、凱旋式を行ったりしますが、これは武勲がローマ貴族にとって最大の名誉であったことを意味しています。武勲を挙げることが、その人の権威を上げることに直結していたのです」。

戦争によって、貴族たちは自らの権威を高めていたのです。

軍事力による覇権主義の「共和政ファシズム」

「このように国家と軍事が密接に結びついているローマの共和政を理解するためには、単に『共和政ローマ』と考えるのではなく、『共和政ファシズム』として理解すべきである」と、監修者の本村凌二は語ります。

ただし、ファシズムといっても私たちがイメージするヒトラーやムッソリーニのよ

古代ローマの農民たち。彼らも戦時になれば戦士になって他の国から略奪するのだ（写真提供：アフロ）

うな「独裁政ファシズム」ではありません。共和政は独裁政ではありません。

本村がイメージするのは、「軍事力にものをいわせる覇権主義」です。そのためには「先手防衛」もとりますし、「攻撃こそ最大の防御である」ことも普通です。「そのような一面が古代ローマにはあることを、しっかり念頭においておくべきだ」と本村は指摘します。そして、この当時、「どの国も国家予算の7割ほどが軍事費であった」と本村は語ります。ローマだけが、軍事が突出していたわけではありません。どの国もそうだったのです。政治と軍事が一体化していました。それが古代ローマと国々なのです。

第二章

内乱の一世紀からネロ帝まで

パラティーナ門とアウグストゥスの像
（イタリア・トリノ、写真：アフロ）

貧富の差が拡大するカルタゴ殲滅後のローマ

前146年、ローマは地中海世界全体の覇者になります。ローマは地中海のアフリカ大陸側のカルタゴを全滅させて西地中海の覇権を握りました。それと同時に、マケドニアの勢力下にあったコリントも征服し、他のマケドニア領だった地域をすべて属州とし、東地中海をも手に入れます。

マケドニアはエーゲ海の西側、現在のマケドニア共和国、ギリシア、ブルガリア、アルバニアにまたがる地域を支配していた国です。当時、マケドニアはギリシアの各都市も勢力下に置いていました。そのマケドニアはローマと3度戦い、3度目の戦いでローマに敗れ、ローマの属州となっていました。

ローマには、地中海を完全に手に入れることによって、各地から膨大な富が流れ込みます。特に属州からの多額の税金を徴収する徴税請負人となった貴族（騎士階級）が、富を蓄えるようになっていきました。

没落する農民、富を蓄える貴族

しかし、一方で、小規模農園の農民たちは没落していきます。働き盛りの男性たちが度重なる戦争で戦地に駆り出されたからです。彼らの農地は、あとに残ったお年寄りや女性たち、子どもが耕作していましたが、働き盛りの男手のいない農地はどうしても荒れていきます。さらに、属州から安価な農作物が入るようになってきました。地中海の覇権をローマが握ったことで流通網が拡大し、皮肉にも、それが逆に農民たちを苦しめました。結局、小規模農園の農民たちは土地を手放し、都市になだれ込んで無産市民となっていったのです。

一方、富裕層は土地を離れる農民たちから土地を買い叩き、戦争で手に入れた奴隷を使って土地を耕しました。それが「奴隷制ラティフンディア」を生みだします。彼らは、この「奴隷制ラティフンディア」によって、膨大な富を蓄えるようになります。

「ラティフンディア／latifundia」はラテン語で「大土地」を意味します。それも一カ所でなく、いくつもの土地を所有して大土地を持つことを示唆しています。「奴隷制ラティフンディア」とは奴隷を使った大土地所有による農業です。アメリカ南部の大富豪による奴隷を使った綿花栽培と非常に近いものです。奴隷による農作ですから、

前146年、ローマによって征服されたコリント（写真：アフロ）

価格も低く抑えることができ、属州との価格競争にも勝つことができます。

これによって、都市の無産市民と富裕層や貴族との貧富の差が非常に激しくなっていきました。しかし、都市になだれ込んだ無産市民となった農民たちはローマ市民権を持っていました。市民権を持つがゆえに政治的に無視できない存在なので

す。

政治的にも、無産市民と富裕層である貴族たちとの階級対立が起こるようになっていきました。それまで、元老院、執政官、民会とバランスが取れていたローマ社会は、一気に均衡が崩れ、内乱の一世紀を引き起こすことになります。

さらに問題は、それまでローマを祖国として誇りに感じていたローマ市民たちが、貧富の差によって、その意識が崩れ、自らの階級や自らを尊重するようになっていったことです。自分のため、自分たちの階級のため、という意識が優先していきます。「S・P・Q・R」の誇りもなくなります。

これによって、ローマを支えていた祖国への忠誠心はなくなり、対立による内乱は、より一層激化することになるのです。

ローマの改革に立ち上がった グラックス兄弟

貧富の差が拡大するなかでローマの祖国愛を掲げ、改革に立ち上がったのがグラックス兄弟です。グラックス兄弟の母コルネリアは大スキピオ（スキピオ・アフリカヌス）の娘で、父は執政官を二度も経験したセンプロニウス・グラックスです。

グラックス兄弟はこの二人の影響を受けて育ちました。特に先進的な改革精神を持つ人々が集まる母の実家であるスキピオ家は、彼らの改革精神を培う絶好の場所であったと思われます。その母の逸話が残っています。グラックス家に上流婦人が集まったある日、宝石を見せびらかす婦人から「あなたの宝石」を見せてと母コルネリアは言われます。その時、コルネリアが「これが私の宝石よ」と見せたのは、二人の子どもでした。スキピオ家の母コルネリアらしい逸話です。

ローマの改革を最初に手掛けたのは兄のティベリウス・グラックスです。彼は第三次ポエニ戦争に従軍し、壊滅したカルタゴを見ています。カルタゴから帰国した彼に待っていたのは、ローマの荒れ果てた農地と街にあふれる無産市民の人々でした。彼はそれを見て「このままではローマもカルタゴのようになってしまう」と改革を志します。

改革反対派に死に追い込まれた兄弟

彼は、20代の若さで護民官になり土地改革に乗り出します。護民官は共和政初期の身分闘争の時にできた役職で、貴族たちが平民に無理を強要した場合、拒否する権限を持っていました。彼の土地改革は大土地所有を制限するものでした。これに対して土地を持つ貴族が猛反発します。元老院もティベリウスの改革に反対しますが、彼は拒否権を発動します。それに対して改革反対派はティベリウスの罷免を求めました。

改革派と反対派の争いは激化し、最後は、ティベリウスの護民官の任期が切れた時、彼は100人の同志と一緒に虐殺されてテヴェレ川に投げ捨てられてしまいます。

しかし、この虐殺は、民衆の怒りに火をつけました。結局、その民衆の怒りが内乱状態を引き起こし、元老院は農地の分配を認めざるを得なくなったのです。

ティベリウスの改革を引き継いだのが8歳年下の弟、ガイウス・グラックスです。

彼も護民官になり、貧しい人を救うために穀物法を成立させます。これは、飢饉などで穀物が手に入らなくなった貧困層に穀物を配給する法律です。

さらに、属州総督の陪審員に騎士身分の者だけが就任できる法律も制定します。これは属州総督になっていた元老院議員の不正を暴く審理を厳密に行うためです。それまで審理の法廷では陪審員に元老院の者がなるケースが多く、元老院議員の不正を見逃していたからです。

しかし、これによってガイウスは元老院を敵に回してしまいました。ガイウスはその後、イタリアの住民にローマの市民同様、市民権を与えることを提案します。イタリアに住んでいてもローマ市民権を持たない者が多く、この提案は、彼らに喜ばれましたが、もともとローマ市民権を持っていた者にとっては特権が弱まることを意味します。結局、この提案は否決され、ガイウスの改革も勢いを失います。そして、これを機に執政官のオピミウスはガイウスの法案のほとんどを無効にしていきました。

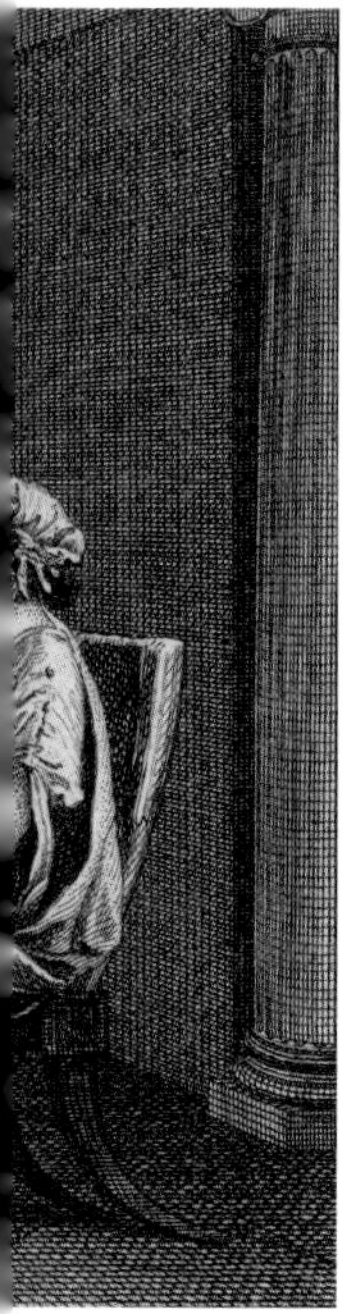

こんな時、ガイウス派の者が改革反対派のひとりを

グラックス兄弟と母コルネリア。「あなたの宝石は」と尋ねられたコルネリアは「二人の息子が宝石よ」と客に見せている逸話を描いたシーン（写真：Mary Evans Picture Library/アフロ）

殺害してしまいます。これが引き金となって、元老院は元老院最終勧告を発令します。これは殺人許可証のようなものです。これを受けた執政官のオピミウスはガイウス派3000人を虐殺し、ガイウスも自殺に追い込まれてしまったのです。

平民派マリウスと閥族派スッラの対立

グラックス兄弟の改革と挫折はローマに内乱の一世紀を引き起こしました。ローマでは平民派と元老院派である閥族派の対立が激化します。

そして、その内乱の隙を狙って周辺諸国がローマに侵攻してきました。北方からはゲルマン系の民族がローマ国境を脅かしてきます。一方、北アフリカでは、ザマの戦いで大スキピオに味方したヌミディアがユグルタ戦争を引き起こします。

しかし、ローマ軍の士気が上がらず、犠牲者が出るばかりです。

この時、ローマの危機を救ったのがガイウス・マリウスでした。彼は貧しい平民の出身でしたが、武功により昇進し執政官にまで上り詰めます。そして、執政官になった彼は軍制改革を進めます。

平民の徴兵を止め、一方で従軍資格のなかった無産市民の入隊を認めます。さらに、給与の支給、略奪の許可、土地の配分を条件に志願兵を集めます。これによって、失業問題と軍事力の低下を一挙に解決します。

しかし、後に、兵士は私兵化し軍の統制もとれなくなる結果となっています。

それでも、マリウスは志願兵によって、ヌミディアとのユグルタ戦争に勝利し、前101年のガリア人の侵攻も撃退し、莫大な戦利品と領土で、一躍富豪の仲間入りをします。

貧乏貴族だったスッラ

元老院は、このマリウスに危機感を覚えます。彼は平民派の中心人物だったからです。元老院議員は、ユグルタ戦争でのマリウスの副官だったスッラに白羽の矢を立てます。彼はユグルタ戦争の活躍で一躍人気者になっていました。

もともと、スッラは貧乏貴族で財産はなく年上の妻に養ってもらっていました。しかし、ユグルタ戦争と小アジアにあったポントス王国とのミトリダテス戦争で勝利し、莫大な戦利品を得て、貧乏貴族から脱することができたのです。

財産ができたスッラは妻と離婚し有力元老院議員の娘と再婚します。そして閥族派の後ろ盾を得てマリウスと対決します。

この二人の争いは、血で血を洗う凄まじいものでした。首都占領、虐殺、報復の繰り返しです。結局、前87年に7度目の執政官となったマリウスは、その翌年あっけなく死んでしまいます。

スッラはその後、独裁官に就任します。そして、元老院中心の共和政に戻すべく議員の定数を300人から600人に倍増します。さらに、護民官の権限の縮小を図りました。

それだけではありません。「処罰者リスト」を作って粛清を開始します。しかし、改革を始めて約3年、スッラは政権の座を退き引退してしまいます。独裁官という政権の座を手に入れた人物が自ら引退するのは、古代ローマでは非常に珍しい事例でした。引退したスッラは新しい若い妻を迎え（有力元老院議員の娘はすでに亡くなっている）、狩猟をしたり、回想録を書いたりして余生を過ごし、その2年後に亡くなっています。

しかし、平民派と閥族派の争いは終わりませんでした。スッラの後は閥族派としてクラッススとポンペイウスが登場し、平民派マリウスの後はカエサルが現れて、新たな争いが始まったのです。

鼻の欠けたスッラの彫像（グリュプトテーク美術館蔵）

第一次三頭政治
カエサルに捧げられた首

第一次三頭政治はクラッススとポンペイウス、そしてカエサルで作られました。クラッススは名門貴族の出身ですが、父と兄をマリウスによる粛清で亡くし、スッラの配下に加わった人物です。クラッススはかなりあくどい手口で富を蓄えます。スッラの作った政敵リストに富豪の名前を載せ、その人物から財産を奪ったり、ローマで頻繁に起きる火災に乗じて土地を買い占めたりしています。

しかし、大富豪になったクラッススに唯一欠けていたのが「武勲」です。彼はそれをスパルタクスの反乱の鎮圧で手に入れようとします。スパルタクスの反乱はローマの奴隷たちの反乱のことです。スパルタクスはその反乱の指導者でした。

クラッススはスパルタクスの軍をいち早く倒しますが、奴隷の敗残兵を一掃したのは、後から現れたポンペイウスです。そのためクラッススの武勲はポンペイウスと分け合うことになってしまいました。この二人はもともとスッラの配下にいました。ポンペイウスはクラッススと違い、根っからの武将です。武功を挙げてスッラの支援で頭角を現していました。このポンペイウスを元老院は脅威に感じます。彼が大きな指揮権を持つと独裁化するのではないかと危惧したのです。そのため元老院は彼に辛く当たります。これにポンペイウスは不満を募らせていきます。

貧乏貴族でマリウス派のカエサル

このころ登場したのがカエサルです。カエサルは名門貴族のユリウス家で生まれました。しかし、当時のユリウス家は貧乏でローマ市内の貧民街に家があったのです。なおかつカエサルの妻はマリウス派のひとりキンナの娘コルネリアでした。

スッラが政権に就くと、カエサルはコルネリアとの離婚を迫られます。しかし、カエサルはこれを断ります。これに激怒したスッラはカエサルを追い詰めますが、周囲の人々のとりなしで何とか窮地を逃れることができました。

カエサルは生来、人を引き付ける魅力があり、さまざまな人脈をたどって政治の表舞台に駆け上がっていきます。彼は羽振りもよく、出世のために巨額の賄賂工作をしていますが、このお金は借金でした。金貸しが貧乏貴族の彼にお金を貸すのは、やはり魅力を感じていたからでしょう。

彼は37歳の時に大神祇官の職に就き、その後、武功を挙げ執政官に立候補しようとします。しかし、派手な振る舞いのカエサルに反感を感じた元老院に邪魔されます。しかし、カエサルはローマ一の富豪クラッススと元老院に反感を抱いていたポンペイウスを仲間に引き入れ、元老院に対して共闘する密約を結びます。そして、執政官に就任するのです。

執政官になったカエサルはポンペイウスの望んでいた退役軍人に土地を分配する法案を通し、彼に自分の娘ユリアを嫁がせます。そして、クラッススの富、ポンペイウスの武力、カエサルの権力という3つの力を持った第一次三頭政治は盤石な基盤を築いた、はずでした。しかし、娘ユリアの死で微妙な亀裂が入ります。

さらに、クラッススがパルティアの遠征中に亡くなると、カエサルとポンペイウスの対立が決定的になります。しかし、もともと二人の仲は良好でした。

この仲を引き裂いたのは、元老院によるポンペイウスへの工作です。共和政擁護を強く迫られたのでしょう。ポンペイウスはカエサルとの対決を決意します。

この状況を察したカエサルは、前49年、武装したままルビコン川を渡ります。ロー

カエサルに捧げられたポンペイウスの首（ペッレグリーニ、ジョヴァンニ・アントニオ作、提供：Bridgeman Images/アフロ）

マでは、ルビコン川は武装したまま渡ってはならないことになっていました。それはローマに反旗を翻すことを意味します。このときカエサルの放った言葉が有名な「賽《さい》は投げられた」です。カエサルも戦うことを決意します。

武装したカエサル軍を迎え撃つべきポンペイウスでしたが、兵が集まらず、彼の支持者が多いギリシアで軍を再編成します。そして、カエサルとポンペイウスはギリシア北方に位置するフェルサロス平原で対決することになります。

両者の戦力は、ポンペイウス軍が歩兵5万と騎兵7000。カエサル軍は歩兵2万2000と騎兵1000でした。戦力では上回っていたポンペイウス軍ですが、戦術でカエサル軍に負けました。

ポンペイウスは商船でエジプトに逃げようとします。しかし、ローマの内紛に巻き込まれることを恐れたエジプトによって、ポンペイウスは殺されます。接岸用の小舟に乗ろうとしたところを討たれてしまったのです。

カエサルがエジプトに着いたのはその4日後でした。エジプトの宮廷でポンペイウスの首を差し出されたカエサルは涙を流して悲しんだといわれます。そして、カエサルはポンペイウスに与した者を誰一人罰することなく許したのです。

英雄カエサルの改革と暗殺
なぜ、彼は殺されたのか

　カエサルがポンペイウスを破っても、まだ、カエサルの戦いは終わりませんでした。ローマの内戦の隙をついて小アジアのポントス（黒海南岸の地域）の王が反乱を起こします。しかし、カエサルは直ちにその地に向かい、たった4時間で平定します。

　その時、カエサルが腹心に送った手紙に書かれていたのが「来た、見た、勝った」です。カエサルの魅力の一つは、卓越した弁舌でした。同時代の哲学者キケロに、カエサルについて「一生かかって修辞学を学んでも近づくことができない」と言わしめたほどの天才でした。

　その後、カエサルはポンペイウスの息子たちや閥族派の残党を打ち破るべく、エジプト、小アジア、アフリカなどの地中海東部やヒスパニアに遠征します。しかし、なかなか手ごわく完全制圧するのに数年の歳月がかかっています。ちなみに、カエサルがクレオパトラとエジプトで出会い、プトレマイオス13世の廷臣たちと戦ったのは、この頃です。

そして、カエサルはローマに凱旋します。民衆は熱狂的に彼を歓迎しました。彼は自軍の兵士たちに約束通り現金と土地を与え、市民にも大量の小麦やオリーブ油、現金を支給しています。

彼は名実ともに絶大な権力者になったのです。

そして、元老院を自らの支配下に置きます。元老院の議員定数を増やし、自らを支持する地方の新興貴族を送り込んだのです。

元老院を配下に置いたカエサルは、数々の改革を実施していきま

カエサルの系図

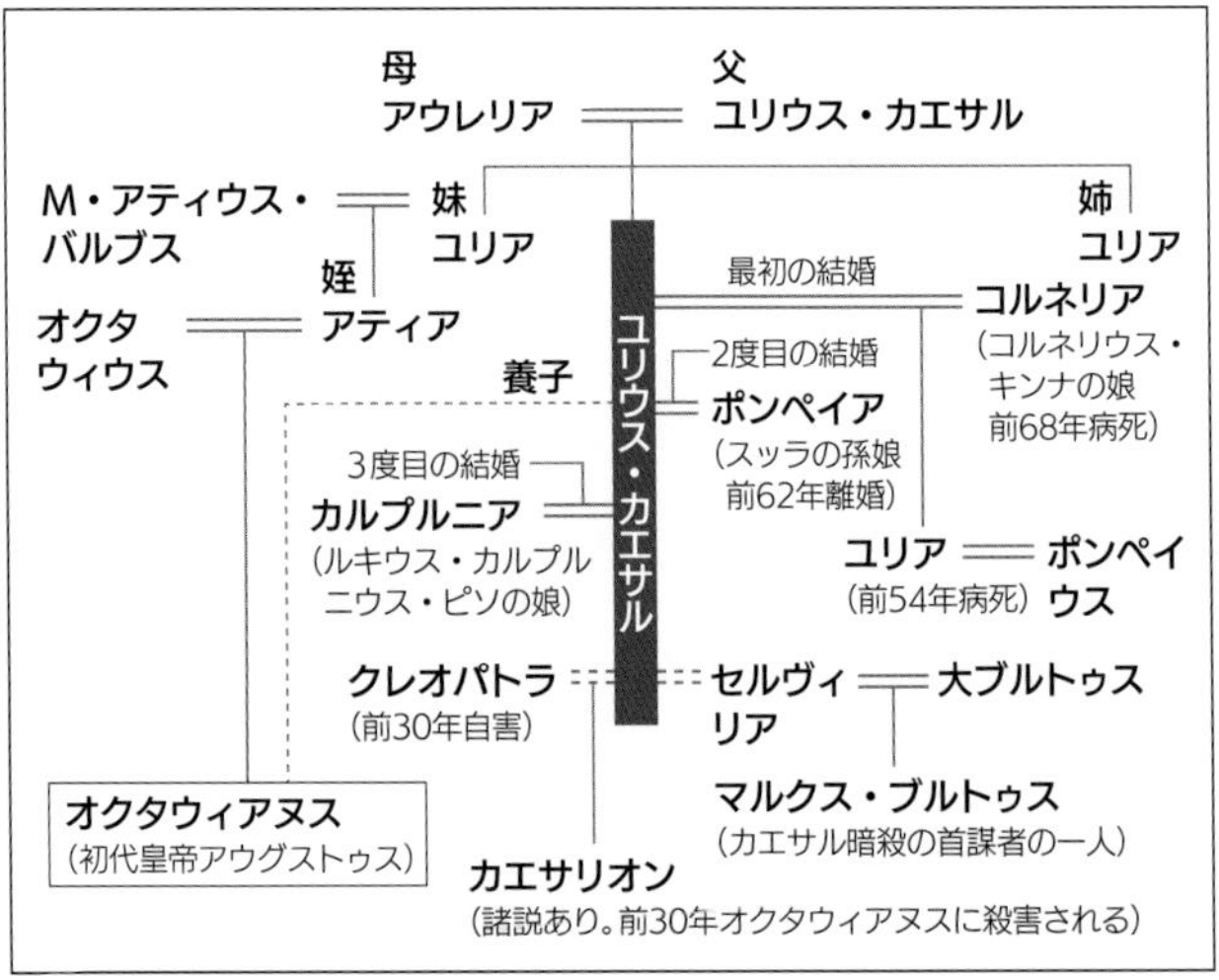

『教養としてのローマ史の読み方』（PHP研究社）より作成

す。ユリウス暦を導入し、都市計画にも着手します。裁判所を新設し、元老院と新しい広場、始祖ヴィーナスの神殿を建設します。これらの事業は失業者に仕事を与える目的もありました。

さらに、8万人の無産市民を属州に入植させ、植民地を建設し、属州の有力市民にはローマと同じ市民権を与えています。

そして前44年、カエサルは終身独裁官に就任します。終身独裁官といっても、あくまで共和政のシステムに則って独裁官の期間を延長するというものでした。

しかし、旧来の元老院議員は、この就任に激怒します。もともとカエサルのやり方を苦々しく思っており、とうとう暗殺計画が企てられます。

「カエサルの暗殺」。カエサルは回廊にあったポンペイウス像の前で息絶えたといわれる（ジャン=レオン・ジェローム作、ウォルターズ美術館蔵、提供：Bridgeman Images/アフロ）

前44年3月15日。占い師から「3月15日までは気をつけて下さい」と言われていたカエサルは、その占い師に「へぼ占い師め、何事もなかったじゃないか」と言い放つと、占い師は「まだ3月15日は終わっていません」と忠告したそうです。

カエサルは元老院に一人で入っていきます。カエサルは護衛嫌いでした。そして、元老院議会が開催される回廊で席に着きます。そのときです。一人の男がカエサルの足元でひざまずきました。それが合図でした。複数の暗殺者たちが短剣を持ってあらゆる方向からカエサルを突き刺しました。刺し傷は23カ所にも及んでいます。

死を察したカエサルは、トーガで頭を覆い、左側の裾を足元まで下して倒れました。死を汚さないためです。倒れた場所はポンペイウスの立像の前だったといいます。

この時、カエサルは「ブルトゥスお前もか」と言葉を発しました。ブルトゥスはカエサルの愛人の子でした。しかし、ポンペイウス派でカエサルと対立していました。カエサルと対立するたびに、彼はブルトゥスを許していたのです。しかし、最後には彼に刺されます。思わず、「なぜ?」の言葉がよぎったのでしょう。

カエサルは寛容さの持ち主でした。対立する閥族派も処罰することなく、役職に就けることさえありました。しかし、その寛容さはブルトゥスには通用しませんでした。

第二次三頭政治
オクタウィアヌス登場

カエサルが遺言で後継者に指名したのは姪の息子であるオクタウィアヌスです。彼はまだ19歳の青年でした。遺言状には、相続人の他、ローマ市民一人につき300セステルティウスの贈与をすること、カエサル所有の庭園を市民に開放することなどが書かれていました。

遺言の執行者となったのはカエサルの腹心であったマルクス・アントニウスです。彼は市民の前でカエサルの遺言状を読み上げますが、彼にとっても、その遺言状は想定外でした。彼は自らが後継者に指名されると思っていたからです。

カエサルの遺言状に失望するアントニウスですが、遺言状を無視するわけにはいきません。しかし、オクタウィアヌスと対立することになります。

カエサルが暗殺された時、オクタウィアヌスはローマにいませんでした。ギリシア西岸のアポロニアにいたのです。そしてカエサルの死を聞いて、急遽ローマにもどり

マルクス・アントニウスの彫像（提供：Mary Evans Picture Library/アフロ）

ます。ローマの民衆は、カエサルの後継者である若きオクタウィアヌスを見て、歓喜の声をあげます。オクタウィアヌスは、いまでいうイケメンでした。

彼はカエサルの遺言に従って、ローマ市民に贈与をする必要がありました。しかし、カエサルの私財をアントニウスは返そうとしません。結局、オクタウィアヌスは、財力のあるカエサルの友人に資金援助をお願いすることになります。

オクタウィアヌスとアントニウスの対立は深まります。オクタウィアヌス側には徐々にカエサルの古参兵や軍団が味方につくようになります。そして、オクタウィアヌスは執政官に立候補したのです。本来なら40歳が立候補できる年齢でしたが、オクタウィアヌスは19歳で立候補し執政官になりました。

オクタウィアヌスとアントニウスはカエサルの暗殺者への処置でも対立します。オクタウィアヌスは、彼らに死であがなうことを求めます。一方、アントニウスは首謀者を除き、寛大な処置を求めたのです。しかし、この対立自体をカエサル派の軍司令官たちは好ましくは思っていませんでした。そこで、カエサルの腹心レピドゥスの仲介により、前43年オクタウィアヌス、アントニウス、レピドゥスの三頭政治（二次）が成立します。これは第一次と違い私的同盟ではなく、5年間の公式な政体でした。

初代皇帝アウグストゥスの大神祇官へのこだわり

前37年、三頭政治は5年間の延長が決定されます。しかし、その後、三頭政治のひとりレピドゥスがシチリアを手に入れようと蜂起しますが失敗し、失脚します。そのため、ローマの東はアントニウスが支配し、西はオクタウィアヌスが支配することになりました。さらに、東のアントニウスはエジプトのクレオパトラと手を組んで（実際結婚して）、オクタウィアヌスと対立するようになります。

前31年9月、ついにギリシア北西部にある岬、アクティウムの海戦で両者は激突するのです。しかし、勝負はあっけなくつきました。大型船中心のクレオパトラ・アントニウス軍は、オクタウィアヌス軍の将であるアグリッパ率いる小型船から放たれる火器になすすべもなく敗れ、戦線を離脱します。最後の決戦は前30年8月のアレクサンドリアでした。アントニウス軍はオクタウィアヌス軍に敗れ、アントニウスは自死、クレオパトラも捕虜になるのを嫌って、毒をあおり自殺します。

こうしてグラックス兄弟以来続いていた長い内戦は終わりを迎えました。勝利したオクタウィアヌスは、事実上の単独の支配者になったにもかかわらず、「非常大権」を元老院と民会に返すことを申し出ました。さらに、それまでの強硬的な態度からガラッと変わり、元老院が独裁官になることを勧めても就任しようとはしませんでした。オクタウィアヌスはカエサルが暗殺された背景を理解しており、表向きは元老院を立て、共和政を維持することが賢明であると考えたのでしょう。

前27年、オクタウィアヌスの、この賢明な態度に元老院は「尊厳なるもの」を意味する「アウグストゥス」という尊称を贈り、国政を彼と元老院で行っていくことを決めます。ここにおいて事実上、アウグストゥスはローマ皇帝になったのです。

大神祇官にこだわったアウグストゥス

皇帝になったアウグストゥスの最終的な肩書は非常に長いものです。

Imp.Caesar,DiviF.,Augustus,Pontif.Maxim.,Cons.XIII,Imp.XX,Tribunic.potest.XXXVII,P.P.

これは彼が亡くなった年の正式な肩書で、訳すと「最高司令官・カエサル・神の子・グストゥス・大神祇官・執政官13回・最高司令官の歓呼20回・護民官職権行使37

「プリマポルタのアウグストゥス」の彫像。足元にアモール（キューピット）がいる（ヴァチカン美術館蔵、写真：アフロ）

年目・国父」という意味です。

ここで注目してほしいのは、大神祇官です。これが共和政における最高権力者を示す執政官より前に書かれているのです。ここにアウグストゥスのこだわりがあります。

もともと大神祇官にこだわったのはカエサルでした。彼は多くの人が長老の名誉職ととらえていた大神祇官に若くして立候補しています。アウグストゥスもカエサル同様、大神祇官にこだわりました。その理由は神という権威だったと思います。ローマ人は、特に信仰に厚い人々でした。そのため、神とつながる神祇官は特別な権威を持った存在でした。特に大神祇官はそのトップであり、最も権威があったのです。「プリマポルタのアウグストゥス像」という有名な像があります。その足元にはアモール（キューピット）がいます。これはアモールが女神ウェヌスの子であることから、アウグストゥスがカエサルの子で、女神に連なるユリウス家の聖なる血統であることを示しています。

アウグストゥスの像にはトーガ姿の像もあります。こちらの像の方が多く存在しています。トーガで頭を覆った姿は神官の姿であり、神に仕える敬虔な姿を表しています。神に仕える大神祇官である自らをアウグストゥスは後世に伝えたかったのです。

「トーガ姿のアウグストゥス」の彫像。敬虔な大神祇官であるアウグストゥスを表している（ローマ国立博物館蔵、写真提供：アフロ）

アウグストゥスの治世と目指したもの

アウグストゥスの治世は40年以上に及びました。建前は元老院との共和政でしたが、実質はアウグストゥスの帝政でした。なぜカエサルはアウグストゥスを後継者に指名したのでしょうか。結果的に見れば、その指名は成功し、カエサルには、かなり先見の明があったといえます。

若きオクタウィアヌス（後のアウグストゥス）は、ひ弱な男の子でした。それは10代後半になっても変わりません。後継者に指名された後も、戦いは盟友であるアグリッパが引き受け、オクタウィアヌスが表に出ることは多くありませんでした。

政敵だったアントニウスはこう揶揄しています。

「あの男は寝床に伏したまま、ただ空だけを凝視していた。アグリッパが敵を完全にたたきのめすまで、まるで生きていないかのような姿でじっとしていた」

それでも、彼は戦いに出れば、重傷を負っても勇敢に戦い続けました。決して進軍をとめることはありませんでした。その姿にカエサルは、将来を見抜いたのかもしれません。いや、もしかするとカエサルはオクタウィアヌスの軍政面を助けるアグリッパの才能も見抜いており、オクタウィアヌスとアグリッパで、次のローマの国づくりを考えていたのかもしれません。

オクタウィアヌスは公私を明確に分ける才能は秀でていました。プライベートのオクタウィアヌスは情に厚い温厚な人物でした。その人柄に多くの有能な人々が惹かれ、彼に尽くしたのです。そのなかには文政面で彼を助けるガイウス・マエケナスもいました。カエサルも公私をきちんと分けることができる人でしたが、それ以上の能力をオクタウィアヌスは持っていました。これはまさしく「皇帝の資質」です。カエサルはこの部分も見抜いていたと思います。

カエサルを見習って、政治を行ったアウグストゥス

オクタウィアヌスことアウグストゥスはカエサルを反面教師にしています。それは、前項で述べた元老院との関係です。共和政を表面上は尊重しつつ、実質的にはアウグストゥスが実権を握っていました。一方、カエサルが考えていた「もはや今までのシ

ステムでは、大帝国になったローマは治めきれない。新しいシステムが必要である」という認識をアウグストゥスも共有していました。

その一つの政策が「植民市の建設」でしょう。アウグストゥスはポエニ戦争で徹底的に破壊されたカルタゴに新たな植民市を築いていますが、これはもともとカエサルの計画でした。

また、アウグストゥスは植民市の建設と並行して市民権政策を実施しています。これによって属州にローマ的な価値観を広め、スムーズな支配を行うことを目指しました。アウグストゥスはカエサルに倣い、属州の人々がローマに憧れ、自らローマのやり方をしたくなるように政策を進めています。

アウグストゥスは洪水や火災に弱いローマを世界帝国の首都にふさわしい都市に変えています。彼が著作で書いたように、「ローマを煉瓦の街として引き継ぎ、大理石の街として引きわたし」ています。そして、膨大な数の公共建築物を造り、特に神殿を多く造りました。

カエサル自身が最も切実に願ったのはローマの平和でした。アウグストゥスも多くの神殿を建て、神に仕える大神祇官としてローマの平和を祈願したと思います。

ローマの支配体制と市民権

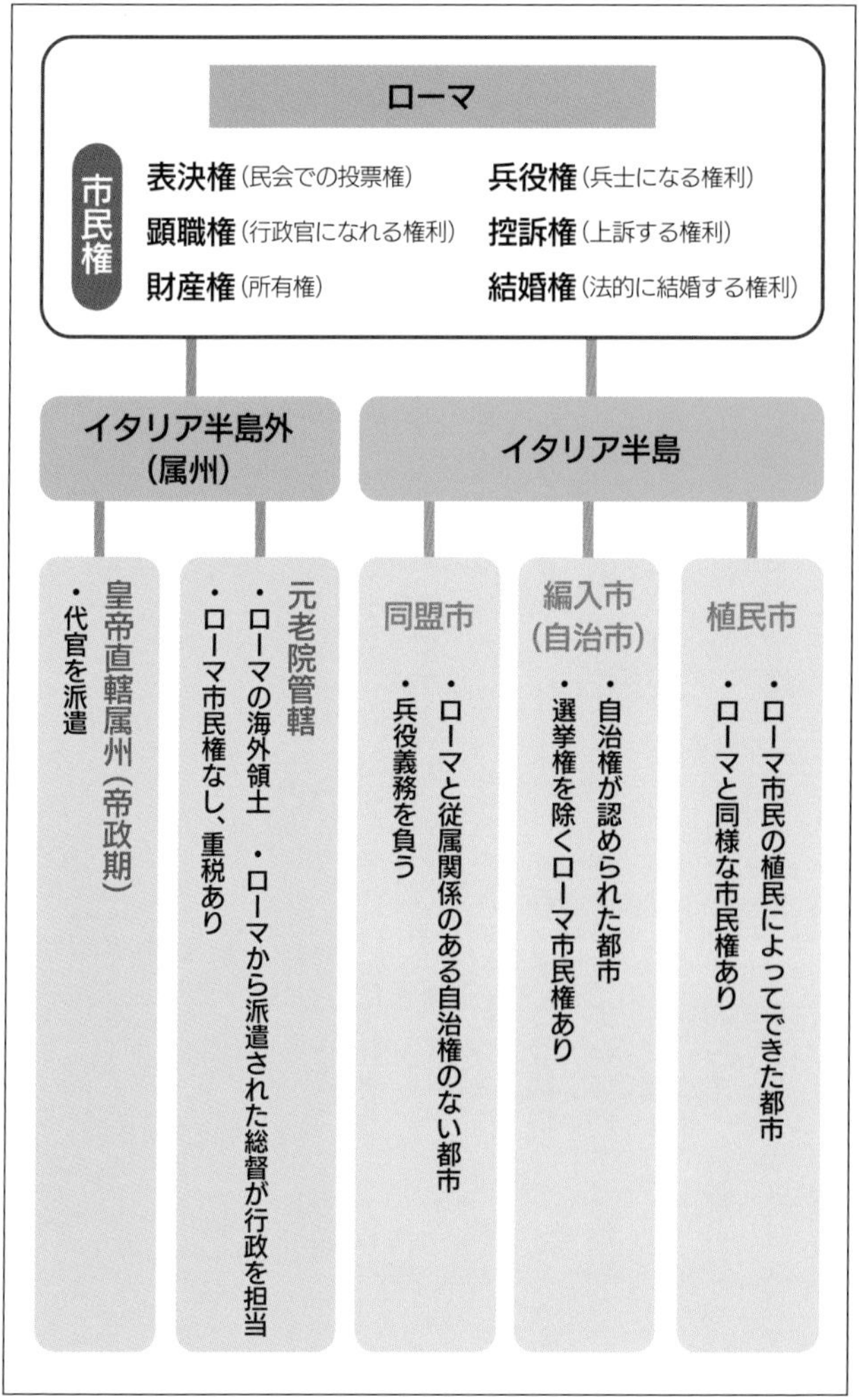
ローマ
市民権
表決権（民会での投票権）
兵役権（兵士になる権利）
顕職権（行政官になれる権利）
控訴権（上訴する権利）
財産権（所有権）
結婚権（法的に結婚する権利）
イタリア半島外（属州）
イタリア半島
皇帝直轄属州（帝政期）
・代官を派遣
元老院管轄
・ローマの海外領土　・ローマから派遣された総督が行政を担当
・ローマ市民権なし、重税あり
同盟市
・ローマと従属関係のある自治権のない都市
・兵役義務を負う
編入市（自治市）
・自治権が認められた都市
・選挙権を除くローマ市民権あり
植民市
・ローマ市民の植民によってできた都市
・ローマと同様な市民権あり

後継者がいない！ アウグストゥス最大の悩み

アウグストゥスが最も悩んだのが後継ぎでした。ここが最大のネックといっていいでしょう。どんな時代もどんな場所でも、皇帝や王は後継ぎを誰にするかで悩みます。アウグストゥスは3度結婚していますが、直系の男子には恵まれませんでした。実子は妻スクリボニアとの間に生まれた娘ユリアだけです。

そこで、アウグストゥスは3度目の妻リウィアの連れ子であった二人の男子、ティベリウスとドルススに期待をかけます。ちなみに、リウィアとの結婚はアウグストゥスの略奪婚といわれています。結婚し身ごもっていたリウィアを無理やり離婚させ、結婚したのです。アウグストゥスの一世一代の大恋愛だったといわれます。

しかし、リウィアの子どもたちはユリウス家の血をひいておらず、後継者からは外されます。そこで白羽の矢が立ったのが娘のユリアです。アウグストゥスはユリアを結婚させて後継者を作ろうと考えます。

最初は姉の息子であるマルケルスと結婚させ、マルケルスを後継者としますが、10代後半に早世してしまいます。

娘ユリアの子どもたちも早世してしまう

続いて、盟友のアグリッパをユリアと結婚させてできた子どもを後継者にしようとします。これは成功して男子が3人できます。一人はどうしようもなく粗暴で後継者から外れますが、長男のガイウスと次男のルキウスは後継者にふさわしく育ちます。

しかし、彼らの父親であるアグリッパが亡くなると、子どもたちの後見人が必要になります。そこで、リウィアの息子であるティベリウスをユリアと無理やり結婚させて後見人にしてしまいます。皇帝の命で仕方なく結婚した二人は上手くいくことなく、仮面夫婦になってしまいました。

それでも、子どもたち二人が順調に育てば、結果オーライなのですが、皮肉なことに二人とも病死してしまいます。結局、後継者がいなくなってしまい、仕方なく後見人だったティベリウスが後継者に任命されます。

そして、ティベリウスは、55歳の時にアウグストゥスの後を継いで二代目皇帝になったのです。ティベリウスの実父がティベリウス・クラウディウス・ネロという人物だったため、アウグストゥスからネロ帝まで続く血統を「ユリウス・クラウディウス朝」と呼びます。

皇帝に就任したティベリウスですが、ローマ市民に全く人気がなく、仕事はそつなくこなしますが、彼もまた後継者に悩みます。結婚生活が破綻しているユリアとの間に子どもはなく、弟ドルススの息子であるゲルマニクスを養子に迎え後継者とします。ゲルマニクスの父親は現皇帝の弟で、母親は先帝アウグストゥスの姉とアントニウスの間に生まれた小アントニアです。血統的には申し分ない若者でした。

さらに、武勇にも優れ、長身にしてイケメン、学識があり、雄弁で、自らをひけらかすこともなく、他人にやさしい人物でした。

もちろん、これだけ揃っていれば、ローマの人々から熱狂的に支持されます。人気は高まる一方でした。しかし、そうは簡単に、話は進みません。結局彼も33歳で、属州問題で派遣されていたシリアで病死してしまいます。

彼の訃報を聞いたローマ市民は悲しみ叫び、彼を見た属州の人々は涙をながし、異国の王も哀悼の意を表したといいます。そして、後継者問題は振出しに戻ったのです。

ユリウス・クラウディウス朝の系図（数字は皇帝位の順）

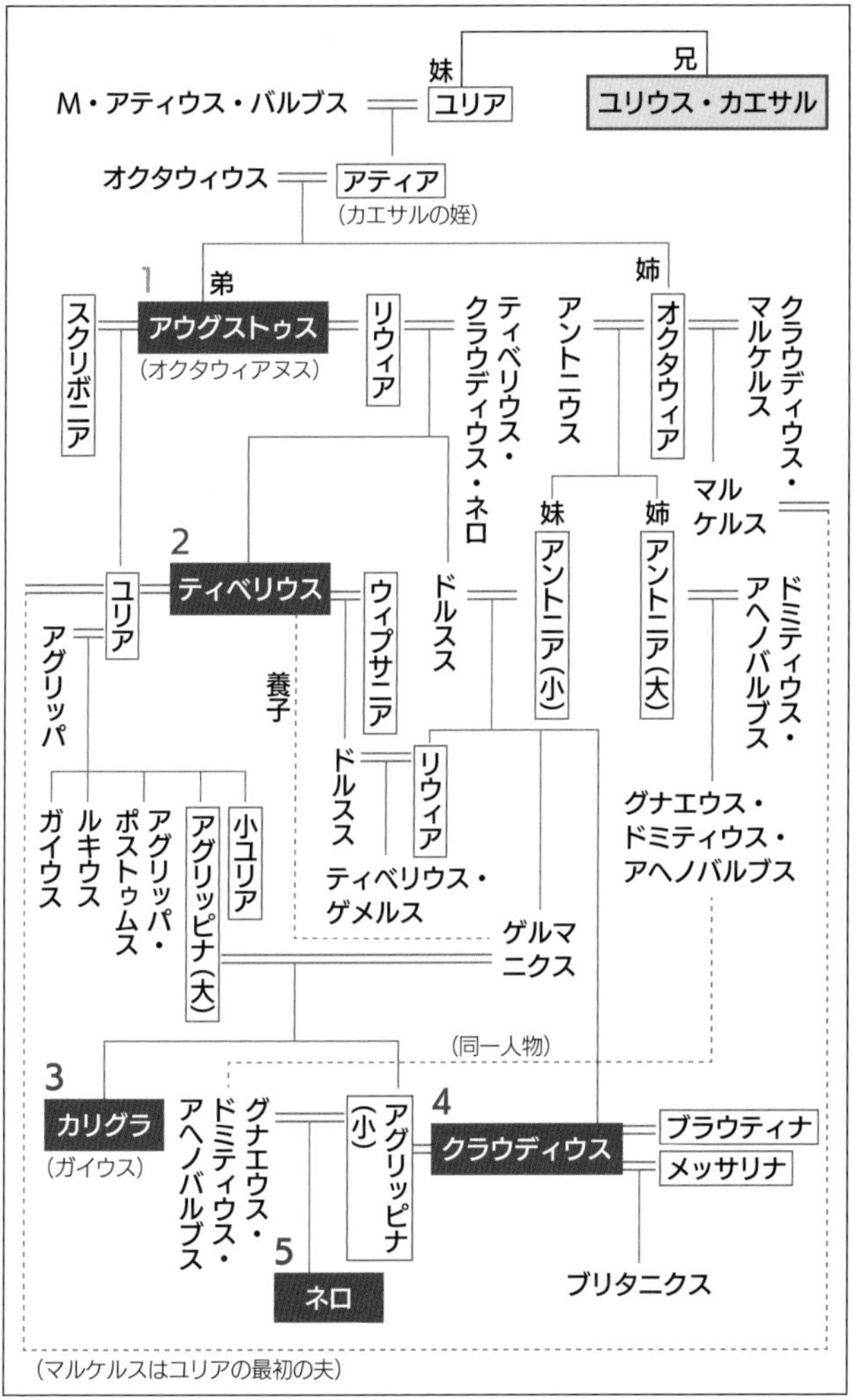

『教養としての「ローマ史」の読み方』（PHP研究社）より作成　□は女性

ローマ市民を熱狂させたパンとサーカス

パンとサーカスのうち、サーカスは現代人がイメージする曲芸ではなく、見世物を指します。特に剣闘士の闘いです。映画『グラディエーター』で描かれた剣闘士の競技です。サーカスの言葉は戦車競走で用いられた楕円形のコースのことを指す「キルクス＝ｃｉｒｃｕｓｕ」が英語読みされたものです。

もともと剣闘士の競技はナポリがあるカンパニア州で始まった葬儀の時の儀式でした。葬儀の時に血を流すことで、亡くなった魂を安らげようとしたのです。亡くなった魂は人間の血を栄養にして安らぎを得ると信じられていました。だから、闘いはどちらかが血を流せば終わります。死ぬ必要はありませんでした。ローマに残る剣闘士の闘いの最古の記録は、前２６４年のユニウス家のペラという人が亡くなった葬儀で行われました。

サーカスには戦車競走などの見世物もありましたが、一番人気は剣闘士の闘いでした。当初は葬儀の儀式として始まったものですが、共和政末期には、次第に奴隷の剣闘士が闘う競技になっていきます。円形の競技場もでき、グラディエーターと呼ばれる専門の剣闘士も生まれます。そして死をかけた競技になります。

平和の時代ほど死亡率が高くなった剣闘士の競技

しかし、競技のたびに剣闘士が死んでいたら、奴隷がいくらいてもどんどん減ってしまいます。毎回、毎回、死ぬことはなかったと思われます。ただし、時がたつにつれ、平和の時代が続くにつれ、死亡率が高くなっていきました。理由ははっきりしませんが、興奮するものが少なくなったせいかもしれません。

共和政末期に競技を主催していたのは奴隷制ラティフンディアで巨大な富を築いた貴族たちでした。剣闘士の競技は、彼らにとって選挙対策でもありました。ローマ市民にとって富を独占する貴族は尊敬されません。ほどよく富をばらまいてくれる貴族が人気を集めます。剣闘士競技を主催してくれる貴族は、ローマ市民の人気を集めたのです。

ちなみに、帝政になる前後からカエサルもアウグストゥスも剣闘士の競技をたびたび開いています。しかし、2代目の皇帝ティベリウスは、剣闘士の競技にまったく興味がなく、開催されることもありませんでした。それが、彼の不人気を招いたともいわれています。剣闘士の闘いはローマ市民の生活の一部になっていたのです。

剣闘士には奴隷がなるケースが多かったのですが、土地を追われた自由民などもなることもありました。割合的には1割強程度だと思われます。

パンは、サーカスの言葉と違って言葉の通りの意味です。食料のローマ市民への提供です。提供される量はかなり多く、一回で一家族が一か月食べる分ほどが提供されました。これも共和政末期に提供していたのは富裕層です。富を得た分、市民に提供するのが、富裕層の役割でした。ケチケチするのはローマ市民から嫌われ、選挙の時に票が逃げてしまいます。

しかし、このパンは福祉制度ではありませんでした。貧困層に向けて配るモノではなく、誰もが手にすることができました。もともとはお祭りや儀式の時に富裕層が庶民に配ったものなのです。パンを手にした者のなかには、それを横流ししていた者もいました。ちなみに、パンとサーカス、ローマ市民がより求めていたのはサーカスです。より刺激の濃いものを求めていたのです。

ローマ時代の剣闘士の競技を描いた一枚（写真提供：アフロ）

病で残虐な性格になった悪帝カリグラ

ローマ帝国の第3代皇帝がカリグラです。彼は2代皇帝のティベリウスの甥であるゲルマニクスの遺児にあたります。ゲルマニクスはローマ市民の期待の星でしたが、33歳で亡くなり、その息子がティベリウスによって後継者に指名されました。

ちなみに、ティベリウスは後37年、カンパニア地方を巡業中に体調を崩し79歳で亡くなります。彼の死がローマ市民に伝わった時、民衆のなかには彼の遺体をテヴェレ川に投げ込めと叫ぶ者までいたといいます。それほどローマ市民に人気がなかった皇帝でした。これは、ローマ市民にサーカスを提供しなかったツケが回ってきたといえますが（前項参照）、逆にローマ市民に死ぬまで、おもねなかったティベリウスは立派ともいえます。

カリグラはゲルマニクスが期待の星だっただけに、その息子であるということだけでローマ市民たちは彼を歓迎して迎えます。カリグラは通称で、本来の名前はガイウスです。カリグラとは小さな軍靴を指します。タキトゥスの『年代記』にカリグラのいわれが書かれています。

「カリグラ帝は軍営で生まれ、軍団の兵士たちを遊び相手にして育った。小さな兵士のような彼に、兵士たちは『カリグラ』（小さな軍靴）というあだ名をつけた。彼は普段、下士官たちの好みに合わせてそういう名の靴を履いていたからだ」

しかし、ガイウス本人はこのあだ名を嫌っていたといいます。皇帝になってからは「カリグラ」を口にしたものは片っ端から罰したといわれています。

被害妄想にとらわれた皇帝

彼は悪帝カリグラといわれますが、皇帝就任当初はきわめて良好な皇帝でした。政治犯に大赦を与えたり、兵士の祝儀を倍増したり、民衆には減税を実施し、恩賜金も配りました。そのなかで最も市民が喜んだのは、剣闘士の見世物興業です。市民は刺激に飢えていました。

しかし、彼の性格は皇帝に就いて半年後に大きく変わります。

その時、彼は重い病にかかります。ただし、この病も2カ月ほどで回復しますが、性格がねじ曲がってしまったのです。カリグラ伝説と呼ばれるまでになる残虐行為が始まります。

病から復活したカリグラですが、暗殺や陰謀の被害妄想に取りつかれます。そのためか側近たちを次々に疑い、大逆罪を乱用して処刑してしまいます。

そして、常軌を逸した派手な散財を繰り返し先帝の残した30億セステルティウスという莫大な遺産を食いつぶしてしまいます。さらに、金がなくなると裕福な貴族を陥れて処刑し、財産を没収し、新たな税を市民に課しました。

結局、カリグラと元老院との関係が悪化し、彼は暗殺されてしまいます。その暗殺された彼の遺体には30カ所もの刺し傷があったそうです。そこまで、彼は恨まれていました。

カリグラの後を引き継いだのがクラウディウスです。元老院はカリグラの後は共和政に戻そうとしますが、皇帝の親衛隊がたまたま宮廷内にいたクラウディウスを担ぎ込んで皇帝にしてしまったのです。

それもそれですごい話ですが、クラウディウスはゲルマニクスの弟であったため、元老院も彼の皇帝の就任を認めざるを得なかったのです。

ローマ3代皇帝カリグラ（写真提供：アフロ）

暴君ネロは本当に暴君だったのか？

4代皇帝クラウディウスは素晴らしい皇帝であったと思います。その始まりは突然であり、彼自身、帝位に就くとは思っていませんでした。しかし、帝位につくと優れた行政手腕を発揮してローマ帝政期の官僚体制をほぼ完成させました。ちなみにブリテン島がローマの属州になったのはクラウディウスの時です。『この私、クラウディウス』（みすず書房）というベストセラーもあるほどイギリスでは知られています。また、彼はローマ人でしかなれなかった元老院議員にガリア出身者を認めるなど、先進的考えの持ち主で才能のある人材を登用するのに慣習にとらわれることはありませんでした。

ただし、彼にはコンプレックスがありました。それは容貌です。彼は母から「人間の姿をした怪物」と呼ばれ、姉からは「クラウディウスが皇帝になるのは国民の不幸だ」とまで言われています。

そして、クラウディウスは妻のアグリッピナに毒殺されます。悲惨な最期でした。このアグリッピナはクラウディウスの姪で、本来なら結婚できない相手でした。このアグリッピナはクラウディウスの4番目の妻でルキウスという連れ子がいました。

アグリッピナはこのルキウスを皇帝にしようと考えます。そのために、ルキウスをクラウディウスの養子にします。そのときルキウスに与えられた名前が「ネロ」です。暴君と知られたネロなのです。養子にしたネロですが、彼をすぐにでも皇帝にしたかったアグリッピナはクラウディウスを毒殺してしまったのです。

ネロは本当にキリスト教徒を弾圧したのか？

ネロが皇帝に就くのは16歳の時です。精神的成熟がいまより早い古代の16歳とはいえ、政治的判断力はまだまだ十分ではありませんでした。そのため、アグリッピナは当時島流しにあっていた哲学者セネカを呼び寄せ、ネロの家庭教師にします。

暴君と呼ばれるネロも、皇帝になって5年ほどはセネカの指導の下、良い皇帝になるよう努めています。しかし、その後は、さまざまな暴君の片鱗が現れてきます。

まず、目立ちたがり屋だったネロは、派手な見世物興行を頻繁に行います。そして、その興行に自らも派手な衣装の姿を見せるようになります。音楽会も開き、自らが歌いました。このような姿に側近は眉を顰《ひそ》めますが、民衆には非常に人気がありました。ただし、ネロという皇帝は、すべてが否定される存在ではなく、功罪両面を持った人物だと思われます。母親殺しも、あまりに政治に介入してくる母親を止めるためであった可能性も指摘されています。

ネロは、ローマの大火事の責任をキリスト教徒になすりつけ、多くのキリスト教徒を虐殺したといわれます。しかし、実際は本当か分かりません。ネロがキリスト教徒を弾圧したという解釈はタキトゥスの本（十二世紀の写本）に、ネロがキリスト教徒を迫害したと書かれているだけです。しかし、その写本を見ると、キリスト教徒を意味するつづりが一部書き換えられているのです。そしてそのつづりを正しいと思われるものに変えると、当時いた騒乱者の名前になるのです。そもそも、ネロは、この写本に書かれたこと以外でキリスト教徒を迫害した事実はありません。

確かにネロは妻の腹をけって死に至らし、ネロを教育してくれたセネカを自殺に追いこみます。暴君の要素がまったくなかったわけではありません。しかし、一方で、庶民に愛されています。派手好きも趣味の範囲です。どの皇帝も聖人君主ではありませんでした。ネロは実際どうだったのか、検証の必要があるのではないでしょうか。

民衆の前で歌を披露する皇帝ネロ（写真提供：アフロ）

COLUMN 3

ローマ史を愉しむ鍵3

「父祖の遺風」

本書の前章でローマ軍の強さに「屈辱を決して忘れない」という点があることを説明しました。だから、一度敗北しても勝つまで徹底的に戦う強さがありました。

なぜ、彼らはそこまでして戦うのでしょうか。それは、汚名を後世に残さないという強い精神があったからです。

本書の監修者である本村凌二は「ローマ人が何より重んじたもの」に「父祖《ふそ》の遺風（モス・マイオルム［mos maiorum］）」（『はじめて読む人のローマ史1200年』より）があると言います。

「『父祖の遺風』とはごく簡単に言うならば『先祖の名誉』ということです。自分の父、祖父、曾祖父、高祖父、そしてその父の立派な行いを名誉として重んじると共に、自分も名誉に恥じない行いをしよう、という強い思いです」（同書より）

だからこそ、彼らは一度敗北しても、先祖たちの名誉を傷つけないよう、そして、後世に自らの汚名を残さないよう、勝つまで徹底的に戦うのです。

父親が教えた父祖の遺風

それが、子どもたちや孫たちに、伝承として残されます。

「実際、ローマ人は子どもの頃から、家族や親戚の葬儀の時に『自分のおじいさんはこんな偉いことをした、そのまたおじいさんはこんな偉いことをした、そうした父祖の遺風を受け継いだ故人はこんな立派な人だった』と繰り返し繰り返し、何度も叩き込まれます」(同上)。そして、「事あるごとに『お前の祖先はこんなにも立派な人だったんだから、お前もその先祖に恥じない人間になるよう努力しなさい』と、これも繰り返し言われました」(同上)。

子どもの教育もある程度の年齢になると、父親が積極的に担うようになります。父親は、子どもに武術や馬術だけでなく、読み書きや法律まで、何でも教えました。その中でも最も力を入れたのが父祖の遺風です。子どもたちにとって、父祖の遺風は人間として生きていくための基準でした。どのように考え行動すべきかが、すべてそこにあったのです。

名誉を重んじるローマ人

ローマの貴族は名誉を重んじます。ローマ軍の庶民の兵士たちも名誉を重んじましたが、勝つことによる戦利品が第一の目的でした。しかし、貴族は戦利品よりも戦いに勝つことの名誉を重んじたのです。

だからこそ、謀略的な手口や卑怯な勝ち方は求めませんでした。それは名誉を損なうことだからです。

ちなみに、本村は父祖の遺風が「かつての日本人の精神的な土壌を支えた『武士道』と相通じるところがあると思います」(『教養としての「ローマ史」の読み方』)と書いています。そして、日本では二世議員に対して「二世だからダメだ」と言われますが、ローマの元老院には二世どころか三世も四世の議員もいたのです。

問題は「二世だからダメなのでなく、二世としての誇りをきちんと教えてない」ことなのです。日本人も「かつて『ご先祖様に恥じないように』『家名を汚さないように』立派な生きかたをしなければいけないという意識」(以上、同書より)を持っていました。しかし、それがなくなったことが一番の問題なのです。これは、現代の日本人がローマの歴史から学ぶべき、大きな課題のひとつです。

第二章 五賢帝の治世と失われた遺風

カピトリーニ美術館にあるマルクス・アウレリウスの像（イタリア・ローマ、写真：アフロ）

尿に税金をかけて財政を立て直したウェスパシアヌス

ローマを訪れた人々が必ず一度は訪れる場所にコロッセオ（円形競技場）があります。紀元75年に建築が始まり、80年に完成しています。このコロッセオの建築を始めた皇帝がウェスパシアヌス帝、第9代ローマ皇帝です。

ネロから数えて4代目の皇帝です。この間の皇帝は殺されたり、自殺したりして1年ももたずに次々と変わっていきました。そしてやっと10年以上の長きにわたって皇帝の座に就いたのがウェスパシアヌス帝です。

ウェスパシアヌス帝はコロッセオの建設を始めるのだから、さぞかし派手な皇帝かと思いきや、まったく違っています。剣闘士好きの悪帝カリグラやネロのように自らのために散在することなく、かなり節約家の皇帝です。

ネロ時代の贅沢な風潮を一変させ、それまでのローマの厳格な風紀に正しています。そしてコロッセオを造った場所はネロの黄金宮殿の人工池があったところです。そこを埋め立てて、コロッセオを造りました。この政策はローマ市民に大うけでした。ネロの黄金宮殿の人工池はローマの中心地にあり、ローマの人々の不評を買っていたからです。

　その彼の唯一の散財（？）といえるのが愛人へのお手当てです。愛人へのお手当てを国庫から出しています。現代であれば許されない行為ですが、当時は古代ローマ。なおかつ、彼が、国庫から支払う理由が振るっています。「俺みたいな不細工な皇帝に尽くしてくれるのは、まさしく国のために奉仕しているのと同じである」ということです。確かに肖像画を見ても、非常にブサ面。致し方ないかもしれません。

18世紀に描かれたウェスパシアヌスの肖像（写真：Universal Images Group/アフロ）

　愛人へのお手当ては大した額ではなかったのでしょう。

　彼は、尿にまで税金をかけて

ローマの財政再建に尽くしています。当時、尿は毛織物の染色や洗濯に欠かせないものでした。そこで、ローマに公衆トイレを建て、そこで集めた尿を売ったのです。賢い皇帝です。

ちなみに、つい最近までイタリア語では公衆トイレを「ヴェスパシアーノ（vespasiano）」といっていましたが、ウェスパシアヌス帝の政策を由来とした言葉です。

彼はネロ時代までの皇帝とは違って、生まれはローマではなくサビニ市でした。それも元老院議員でもなく地方の名士の出身でした。ネロ以降は血族で皇帝になるのではなく、軍事力の強い者が皇帝になっていきました。ただし、彼もその一人です。ただし、彼が1年ももたなかった皇帝と違っていたのは、事を急がず、各地の軍団の支持を待って皇帝に

コロッセオ（イタリア・ローマ、写真：アフロ）

なったことです。

さらに、「法」で自らの地位の正当性を確固たるものにしました。彼の皇帝としての権限を明文化した青銅板が14世紀に発見されています。ウェスパシアヌス帝は、カエサルやアウグストゥスや、ネロのように日本人に知られた皇帝ではありません。しかし、ローマを財政破綻から救った優れた皇帝だったのです。

善帝、兄のティトゥス、悪帝、弟のドミティアヌス

コロッセオが完成するのが80年。ウェスパシアヌス帝の後を継いだティトゥス帝の時代です。このウェスパシアヌス帝からティトゥス帝、そして弟のドミティアヌス帝までをフラヴィウス朝といいます。

ちなみに、ローマ初代皇帝アウグストゥスから続く200年を広義では「パクス・ロマーナ」といいます。「ローマの平和」という意味ですが、この200年間は比較的大きな戦争もなく平和の時代だったのです。ローマが世界最大の帝国となり、カルタゴのように対抗する国はなくなりました（「パクス・ロマーナ」は、狭義では五賢帝の時代だけを指します）。しかし、平和の時代だからと言って、いい皇帝ばかりではありません。悪帝カリグラやネロ、そしてこれから説明するドミティアヌス帝もいます。

ドミティアヌス帝の兄、ティトゥス帝はコロッセオを完成させるだけでなく、善政

を敷いたことで知られます。彼が即位した79年に大噴火を起こしたのがヴェスヴィオ火山です。これによって廃墟と化したポンペイの被災者を救済し、大都会でありがちな大火災に見舞われたローマの復旧活動をしています。しかし、そのティトゥス帝も2年3カ月の治世で終わっています。高熱で亡くなりました。マラリアだと考えられています。彼はコロッセオが完成すると100日間にわたって興行を繰り広げました。それを知るローマ市民は、彼の死を非常に嘆きました。

厳格で猜疑心の強すぎた皇帝、ドミティアヌス帝

彼の後、皇帝になったのがドミティアヌス帝です。ドミティアヌス帝の後世の評価は分かれます。行政手腕の優れた皇帝であるというものと、猜疑心にかられた残虐な皇帝であるというものです。きっと、両方とも正しいのでしょうが、一般的には悪帝として知られています。皇位に就いていたのは15年にも及びます。細かいところにも目が届く行政手腕の優れていたことは事実でしょう。

しかし、潔癖でもありすぎました。貴族を姦通罪で処分したり、少年の去勢を禁じ、同性愛の疑いで元老院議員や騎士たちを処罰したりしました。さらに、処女でなければ

ばならないウェスタ（巫女）の姦通に、死刑をもって臨んでいます。

一方、彼自身は多くの愛人を持ち豪華な宮殿を建て、元老院議員を臣下扱いにして「ドミヌス（主）」と呼ぶように要求さえしたのです。

このような行為に貴族たちは反感を持ちます。そこにドミティアヌスの猜疑心の強さが災いします。87年には元老院議員による陰謀もありました。93年、彼は宮廷に届く密告に煽られ、元老院議員や騎士身分の者たち、宮廷役人を次々に処刑し始めたのです。恐怖政治です。

結局、恐怖政治は96年9月に終わりを告げました。ドミティアヌスは侍従のパルテニウスに暗殺されてしまいます。

この暗殺には多くの人たちが関わっていたとされています。皇妃ドミティアもそのひとりです。彼女は不貞で一度離婚され、不貞相手は処刑されました。しかし、ドミティアヌスの姪のユリアとの同棲をローマ市民に非難されると、そのカモフラージュで、再度結婚したのです。

暗殺現場にはパルテニウスだけでなく、多くの暗殺者がいたと言います。清濁併せ呑めとは言いませんが、リーダーは、自分以上に他者への寛容さが大切であることを知らしめる皇帝の死でした。

16世紀に描かれた若き日のドミティアヌス（提供：アフロ）

五賢帝1　本来のパクス・ロマーナが到来！　ネルウァとトラヤヌス

狭義のパクス・ロマーナは、これから説明する五賢帝の時代を指します。五賢帝の時代は、悪帝や暴君はおらず、18世紀の英国の歴史家エドワード・ギボンはこの時代を指して、「人類が最も幸福な時代」と称しているほどです。

恐怖政治を敷いたドミティアヌスが暗殺されると、その後をネルウァが引き継ぎます。五賢帝の最初の皇帝です。暗殺の直後は、元老院を中心に帝政から共和政に戻すかどうかが議論されました。血迷った皇帝が出れば、ローマを危うくする可能性があることを危惧したからです。しかし、結局、帝政を引き継ぐことになります。

帝政は確かに悪帝も出ますが、何人もの善政を敷いた皇帝もいました。まっとうな皇帝であれば、ローマは繁栄します。また、親衛隊や軍部にはドミティアヌスの支持者もいました。彼らは帝政を擁護していましたし、軍事力を持っていました。

元老院は、古参の元老院議員であり家柄や人格がよく、実績もあるネルウァを皇帝に決めました。ネルウァは、元老院議員からドミティアヌスに密告した裏切り者の元老院議員を洗い出し処刑するよう要請されますが、拒否しています。ネルウァはドミティアヌスの密告、処刑の恐怖政治を断ち切るため、「殺さぬ誓い」をたてます。

養子という血族でない後継指名の方法

しかし、ドミティアヌスの親衛隊や軍部を抑えつける力はありませんでした。彼らの反乱にあい、そのため軍の実力者であったトラヤヌスを後継者に指名します。ネルウァは軍事力に裏付けられた皇帝ではありませんでしたが、ネロの時代から叙勲を受け、ウェスパシアヌス帝とドミティアヌス帝の時代には、執政官になっています。処世術に長けたバランスの取れた人物だったのです。

トラヤヌス帝の大理石の胸像（ヴェネツィア国立考古学博物館蔵、提供：アフロ）

また、ネルウァの功績としては、軍

部に押し切られたとはいえ、後継者を血族ではなく優れた人物を養子にして指名したことがあります。この後継指名の方法はその後の皇帝も引き継ぎます。後継指名されたトラヤヌスは属州ゲルマニアの総督でした。彼の出身は属州ヒスパニア、セビリア近郊のイタリカで、属州出身の初めての皇帝です。彼は後継指名を受けると、ネルウァに反乱を起こした軍の指導者たちを、特別に委任状を渡すといって属州ゲルマニアに呼びつけ処刑しました。その後、ドミティアヌスに好意を寄せるライン川やドナウ川近くに駐屯する軍隊を訪れ、彼らを懐柔しています。

そして満を持してローマに入ると、ローマ市民は大歓声で彼を迎えました。彼は美男子で人当たりが良く、ローマ市民の心をしっかりつかんだのです。

彼は、孤児救済基金を特別に設け大規模な孤児院施設を造り、２つの図書館や公共浴場などを建設し、オスティアの新港造営と公道の整備など、ローマ市民のための公共事業も行っています。さらに、剣闘士の興行など「サーカス」を行いました。

一方、彼は軍部出身者らしく戦争で領土を拡大し、ローマ帝国の版図を最大にしています。ダキアを征服し、パルティアと戦ってアルメニアをローマに併合し、そのまま南下してメソポタミアを手に入れています。

ローマにあるサンタ・マリア・ディ・ロレート教会とトラヤヌスの記念柱。トラヤヌス記念柱はダキア征服の記念として建てられた（写真：アフロ）

しかし、その後、メソポタミアの主要都市ハトラを攻略しますが失敗します。そして、117年、小アジアに遠征中に発作を起こして急逝するのです。トラヤヌス帝は「最善の元首／プリンケプス・オプティムス・マクシムス」と呼ばれています。彼は大酒飲みで同性愛者でしたが、それも度を越したものではなく、それ以上にローマ市民とローマ帝国に身を尽くした皇帝だったのです。

五賢帝2　戦争を止めて経済を立て直したハドリアヌス帝

トラヤヌス帝を引き継いだのがハドリアヌスです。平和のローマを築いた偉大な皇帝ですが、後継がスムーズに進んだわけではありません。彼は元老院と仲が悪く、治世の当初、彼の継承に反対する4人の元老院議員が処刑されています。彼らは執政官を務めたほどの有力議員であり、この事件は「四執政官事件」として知られています。

この事件は、ハドリアヌスがシリアにいた時に起きていたため、手を下したのはハドリアヌスの後見人、親衛隊長官のアッティアヌスであったということで落ち着きました。しかし、元老院とハドリアヌスの間は亀裂が入ったままでした。

さらに、トラヤヌス帝の死に際に、ハドリアヌスは後継者に選ばれたとなっていますが、これには不審な点もあります。トラヤヌス帝が亡くなる時に後継指名を聞いたのは皇妃プロティナだけでした。しかし、この皇妃プロティナはハドリアヌスの愛人だったと言われています。そのため、プロティナが偽って、後継指名を本来は違う人だったのにハドリアヌスにしたのではないかと、疑問が持たれているのです。

治世のスタート時点で汚点がついてしまったハドリアヌスですが、それに輪をかけて不評だったのは、トラヤヌス帝が拡大した領土の一部を放棄したことです。アルメニアとメソポタミア、アッシリアを放棄しています。これに対しては領土拡大に命をかけた軍部はもちろんローマ民衆からも反発を受けます。ハドリアヌスが放棄した地は反乱の絶えない地で、防衛費がかさみローマ経済を圧迫していました。

ハドリアヌス帝の顔像。ギリシアかぶれだった彼はギリシア人の特徴である顎髭を生やし、ギリシアの様々な建築物を修復している（提供：Erich Lessing/K&K Archive/アフロ）

ハドリアヌスの失地回復策

しかし、ここからハドリアヌスの失地挽回が始まります。民衆には「サーカス」を提供し、コロッセオで剣闘士の試合や四頭立ての戦車競走を連日開催しました。元老院議員をはじめ市民の借金を帳消し

ハドリアヌス帝の別荘（ヴィラ アドリアーナ）の水上劇場。官邸の役目もしていた別荘のなかで、唯一、ハドリアヌス帝が一人の時間を過ごした場所（提供：Mondadori/アフロ）

にします。これはパフォーマンス付きで、税金を滞納していた市民の名前と金額が書かれた記録を広場で燃やしてしまうというものでした。さらに、兵士には一時金の支払いをし、経済困窮者には援助もしています。

　そして、行政改革に取り組みます。身分に関係なく能力のある者を官吏に登用し、職務の分担と権限をはっきりさせ官僚制度を整えます。法整備も進めました。

　彼はその後、遠征を繰り返しローマ不在が多くなりますが、ローマは大きな混乱もなく治世は安定します。それは、反乱地からの撤退による経済の復活と、彼の作った官僚制度がうまく機能したからだと考えられます。統治能力の高い皇帝だったのです。

ハドリアヌスは壮大な造営事業もしています。ローマのパンテオンの再建に着手しています。さらに、ブリタニア（現・イギリス）にハドリアヌスの長城を造り、宮廷も兼ねた広大な別荘も造っています。

彼の後期は、属州への視察の遠征に明け暮れました。10年にわたってブリタニアからエジプトまで、毎年何処かに遠征しています。元老院があるローマを嫌ったということもありましたが、属州を回ることで、戦争をしなくても地方を治めることができました。地方では皇帝の来訪を記念して硬貨を作り、建造物を造っています。

彼には、寵愛していた美少年アンティノオスがおり、130年のエジプト遠征にも同行させていますが、アンティノオスは、そのエジプトで亡くなっています。ハドリアヌスは、その死をいたく悲しみ、美少年が亡くなった場所に「アンティノオポリス」という彼の名前をつけた街を残しています。そして、彼の死後、ハドリアヌスは様々な不幸に襲われるのです。

五賢帝3　アントニヌス・ピウスとマルクス・アウレリウス

ハドリアヌス帝の晩年は不幸続きでした。寵愛していた美少年アンティノオスが死に、続いて132年、ユダヤ人の反乱が起こります。この反乱はハドリアヌスの生涯で、唯一の大戦と言っていいものでした。50万人のユダヤ人が犠牲になり、ハドリアヌス帝はその後、ユダヤ教を禁じています。

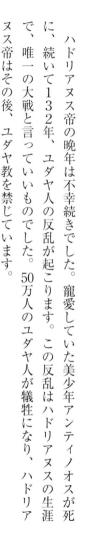

そして、体の衰えがはっきりしてきた60歳の136年、後継を指名します。死に際の後継指名で疑いを持たれた自らの轍を踏むまいと、コンモドゥスという人物を指名したのです。しかし、コンモドゥスは結核で138年に亡くなります。ハドリアヌス帝より先でした。

そして、ハドリアヌス帝がひどい病の中で指名したのが52歳のアントニヌスでした。アントニヌスはローマの南方約30㎞のラヌウィウムで生まれました。父方と母方の財産を引き継いだ彼はローマでも有数の資産家になり、後継指名の時は、皇帝顧問団のひとりでした。

最も平和で幸せな時代

彼の治世は五賢帝のなかで一番長く23年もありましたが、その間、事件らしい事件は何一つ起きていません。まさしく平和の時代だったのです。彼はハドリアヌスと違い常にローマにおり、国境で小競り合いが起きてもローマから指示を出し、将軍を送って治めています。そして、内政でも奴隷への虐待を禁じる法律を作り、妻が亡くなると、妻ファウスティナと自分の資産を加え、貧しい家庭の子どもたちを支援する「ファウスティナ財団」を設立しています。

アントニヌスの後継者となったマルクス・アウレリウスは『自省録』のなかで彼に触れています。そこには「父からは、温和であること、熟慮の結果、いったん決断したことはゆるぎなく守り通す」ことを学んだと書いてあります。アントニヌスは温厚であっても、やり抜く力を持った皇帝でした。ローマ帝国がもっとも安定し幸せな時期でした。

マルクス・アウレリウスが次の皇帝です。彼は、ハドリアヌスがアントニヌスを後継に指名する時、次の次の皇帝として養子にするよう指名された人物です。アントニヌスの妻の甥でした。当時16歳でしたが、優秀な若者として評判でした。

そして、同時にもうひとり次の次の皇帝として養子になった人物がいます。それが、結核で亡くなったコンモドゥスの遺児で、ルキウス・ウェルスです。

アントニヌスが亡くなった時、後継者に指名されたのはマルクスで、40歳でした。そのマルクスは、ハドリアヌスの意志を引き継ぐ形で、ウェルスに自分の娘を嫁がせ、二人でローマを共同統治することを提案し、元老院に認めさせます。そして、ローマ初の共治帝の時代が始まります。

ストア派の哲学者に養育されたマルクスは、「哲人皇帝」と呼ばれた人物です。エピクロス派に比べて公務（公に尽くすこと）に意義を見いだすストア派は皇帝にふさわしい哲学でした。

しかし、マルクスの時代は、地球が寒冷化に差し掛かる時で、北方のゲルマン人が暖かい地域を求めてローマ国境を騒がしていました。また、南方のパルティアともアルメニアを巡って争いが起きます。マルクスは国境問題で終始翻弄されることになります。そして人口を激減させる大きな禍がローマを襲ってきたのです。

哲人君主、マルクス・アウレリウス像（写真：Alamy/アフロ）

ローマ帝国最悪の皇帝コンモドゥス

ローマ帝国の人口の3分の1が亡くなったのは、疫病が原因です。疫病の正体は分かっていませんが、その疫病はパルティアとの戦いに勝利し凱旋したウェルスが、多くの戦利品と共に持ち込んだものです。

パルティアのアルメニア侵攻に対し、ウェルスが遠征軍を率いて撃退します。明るい性格のウェルスは兵士たちの心をつかんで勝利を収めますが、戦功の多くはシリア総督のアウィディウス・カッシウスの働きでした。165年、ローマ軍は、この戦いでギリシア系の都市であるセレウキアを占領し徹底的に破壊します。しかし、当時の人々は、疫病が流行ったのは、この破壊が神の怒りを招いたと考えました。疫病は瞬く間に帝国全土に広がり、人口の多い都市部で多くの死者を出しています。

疫病が広がっている間、ゲルマン人による侵略がローマの北方、ドナウ川周辺で頻発します。これに対し、168年、マルクスとウェルスは共に北方に向かい、侵略してくるゲルマン人を撃退します。しかし、その帰り道、ウェルスが脳溢血で亡くなってしまうのです。これ以降、マルクスは一人でローマを治めることになります。

マルクス・アウレリウスの『自省録』

ゲルマン人の侵略は、それ以降も続きます。マルクスは北方の戦地で、それからの5年間をゲルマン人との戦いに費やすことになります。このとき書かれたのが、『自省録』です。『自省録』は、マルクスが自らの内面を見つめ、皇帝としての責任とは何か、神々と人間との関わりや、宇宙の理性とは何か、人はどう生きるべきかなど、己を律するために様々なことが書いたものです。これは、いまでも多くの人々に生きる指針を与えてくれています。

哲人皇帝だったマルクスですが、唯一の失敗は、後継に息子のコンモドゥスを指名したことです。それまでの賢帝による血族に関係なく優れた人物を後継に指名してきた伝統を潰してしまいました。彼らには後継になる子どもがいないか、早世していましたが、マルクスにはかわいい子どもがいました。確かにかわいかったのでしょう。マルクスには14人の子どもがいましたが、そのうち生き残ったのは6人で、唯一男子

ライオンの毛皮を被り、棍棒を持ったコンモドゥスの像。彼は自らをヘラクレスの化身だと名乗った（提供：New Picture Library/アフロ）

だったのがコンモドゥスです。マルクスはコンモドゥスに帝王学を教え戦争の場にも連れていきますが、マルクスの素質を受け継ぐことはありませんでした。

１８０年、マルクスが重い病で倒れ１週間後に死ぬと、コンモドゥスは皇位を引き継ぎます。彼は、マルクスが戦っていた北方戦線を、代償金を払って放棄すると退屈な政務を側近に丸投げします。そしてコンモドゥスは別荘に引きこもり、ハーレムを築き遊び呆けるのです。側近と言っても優秀な者ではなく好き嫌いで決めた連中で、気にくわない元老院議員は処刑し、財産を没収し、豪遊の費用にしてしまいます。

彼はフリギア人の解放奴隷であるクレアンデルを重用しますが、クレアンデルは要職を賄賂と引き換えに斡旋し私腹を肥やします。１９０年、穀物危機が起こると怒った民衆が暴徒となりコンモドゥスに向かってきます。それに対して、コンモドゥスはクレアンデルを犠牲にすることで切り抜けるのです。

これ以降、コンモドゥスの奇行が目立つようになります。自らをヘラクレスの化身と名乗り、ライオンの毛皮を被り、棍棒を持って剣闘士の闘いに彼自身が登場するようになります。そして自らを現人神と称し、皇帝崇拝を人々に求めます。このような行為は長く続きません。結局、コンモドゥスは暗殺されてしまうのです。

競売にかけられた帝位と非ヨーロッパ人のセウェルス朝

コンモドゥスを暗殺した黒幕は元老院でした。次の皇帝はペルティナクスです。彼は解放奴隷の子でしたが優秀で、当時首都長官の地位にありました。193年、元老院によって皇帝に据えられますが、財政の立て直しと秩序維持に急ぐあまり、彼もたった3カ月で暗殺されてしまいます。

暗殺の実行者は親衛隊でした。次の皇帝は金貸し業で儲けていた資産家のディディウス・ユリアヌスです。ちなみに、彼が皇帝になれたのは、親衛隊が皇帝の地位を競売にかけたからです。親衛隊に一番お金を払ってくれる人を皇帝にしました。

こんな形で皇帝になった者が長く続くわけはありません。彼の皇帝の地位も66日で終わります。属州パンノニア総督のセプティミウス・セウェルスが軍によって皇帝に擁立され、それを元老院も認め、ユリアヌスを処刑したのです。セウェルスはカルタゴの勢力下にあった北アフリカのレプティス・マグナの出身です。彼はローマ人どころか、インド・ヨーロッパ系でもありませんでした。

ローマの伝統と権威を破壊したセプティミウス・セウェルス

彼は、非ヨーロッパ系であったためか、ローマの伝統と権威をことごとく無視します。元老院もないがしろにし、元老院議員を処刑したりしています。

一方、よりどころとしたのは軍事力です。軍人を重用し、イタリア人に限られていた親衛隊の入隊資格を属州出身者に開放します。さらに軍隊内にあった身分差別を撤廃し、実力があれば家柄や出身地、身分に関係なく高級武官に登用しました。

セプティミウス・セウェルスは治世18年目にスコットランド併合を目指して遠征した先で亡くなります。次の皇帝は共治帝で息子の兄カラカラと弟ゲタです。しかし、兄弟仲が悪く、兄のカラカラは弟のゲタをあろうことか母ユリアの前で殺してしまいます。母ユリアが無理やり弟も皇帝にするようセウェルスに進言したからです。

カラカラは、ゲタを支持していた元老院議員や親衛隊長から友人まで処刑します。その数は2万人に及んだと言われます。それだけでなく、様々な記録からゲタの存在自体を抹消したのです。金貨に刻まれた彼の顔も削っています。

しかし、カラカラは兵士を優遇しました。棒給を一気に1・5倍に引き上げています。そして、広場や神殿、巨大な浴場を建設しました。これらの費用はセウェルスが残した膨大な遺産で賄われましたが、その遺産が底をつくと「アントニヌス勅法」を発布します。これは帝国内のすべての自由人にローマ市民権を与えるものです。それは、市民権を持つと相続税を払わなければならないからで、税収を上げるものでした。

結局、カラカラは元老院議員や民衆から恨まれ暗殺されてしまいます。その後、暗殺の首謀者といわれる親衛隊のマクリヌスが皇帝になりますが、1年後、ガリア軍に担がれたカラカラの母ユリアの妹の孫で、14歳のエラガバルスが皇帝になります。

この皇帝は性同一性障害者と推測されていますが、女装趣味があり、娼婦に成りすまして男あさりをするほどでした。ローマの統治もおろそかになり反乱と暴動が相次ぐようになります。彼も親衛隊によって殺されます。さらに遺体は犯罪者のようにテヴェレ川に捨てられました。次の皇帝はエラガバルスの従弟で13歳のアレクサンデル・セウェルスですが、統治能力はなく母親がそれを担います。しかし、軍部から嫌われ、彼も暗殺されてしまいます。結局、これがセプティミウス・セウェルスから続いたセウェルス朝の最期でした。そして、ローマ帝国は「軍人皇帝時代」に移るのです。

フォロ・ロマーノにあるセプティミウス・セウェルスの凱旋門。彼の息子カラカラは弟を殺し、弟の業績が刻まれた凱旋門の記録も改竄した（写真：水口博也/アフロ）

COLUMN 4

ローマ史を愉しむ鍵4

「パトロヌスとクリエンテス」

「パトロヌス［patronus］」とはラテン語で「保護者」を指し、「クリエンテス［clientes］」は「被保護者」を意味します。親分と子分の関係です。

本書の監修者である本村凌二は「ローマ史を理解する上で、もっとも重要な鍵となるのが、『パトロヌス』と『クリエンテス』という人間関係」であると言います。それは、「この関係を抜きにしては、ローマが巨大な帝国に発展することも、またその巨大な帝国を維持・運営することもできなかったからです」（両方とも『はじめて読む人のローマ史1200年』より）。

パトロヌスの多くは貴族で、裕福な人々です。一方、クリエンテスは持たざる者で多くは平民でした。平民であるクリエンテスは、裕福で力ある貴族のパトロヌスに経済的支援や、裁判での弁護をしてもらうなどの保護を受けました。

これは一方的な関係ではなく、パトロヌスも選挙の時にはクリエンテスの助けを受けたり、パトロヌスが外出する時は随行してボディーガードの役目を果たしてもらったりしていました。また、多くのクリエンテスがパトロヌスに忠誠を誓うことで、パトロヌスは自らの権威と力を多くのローマ市民に見せることができました。パトロヌスとクリエンテスは相互扶助的な関係だったのです。

この関係はもともと貴族と平民との関係でしたが、貴族同士間でも結ばれるようになり、親分子分の関係ができました。なおかつ、パトロヌスとクリエンテスは私的な関係でしたが、パトロヌスが公職に就くと、クリエンテスはその部下として下級役人的な役割を果たすことになります。

本村は「現在のローマ史学では、このパトロヌスとクリエンテスの関係を歴史的にどう捉えるかについて、ふたつの大きな潮流」(上記同書より)があると指摘しています。

ひとつは「パトロヌスとクリエンテスの公的関係からローマ帝国の成立を描く」ものです。「皇帝権力ができていく過程で、さまざまな公職や属州の総督任命権がどのようにして皇帝の下に集まっていったか、この序列関係を見ることで解き明かす」ものです。

もうひとつは「私的な人間関係が公的な国家的組織に変わっていく流れを見るものです」（カッコ内すべて同書）。私的な親分子分の関係がローマ国内から属州近辺、そしてローマ帝国全体に広がり、皇帝を頂点とするピラミッド型に統合されていく流れを考察するものです。

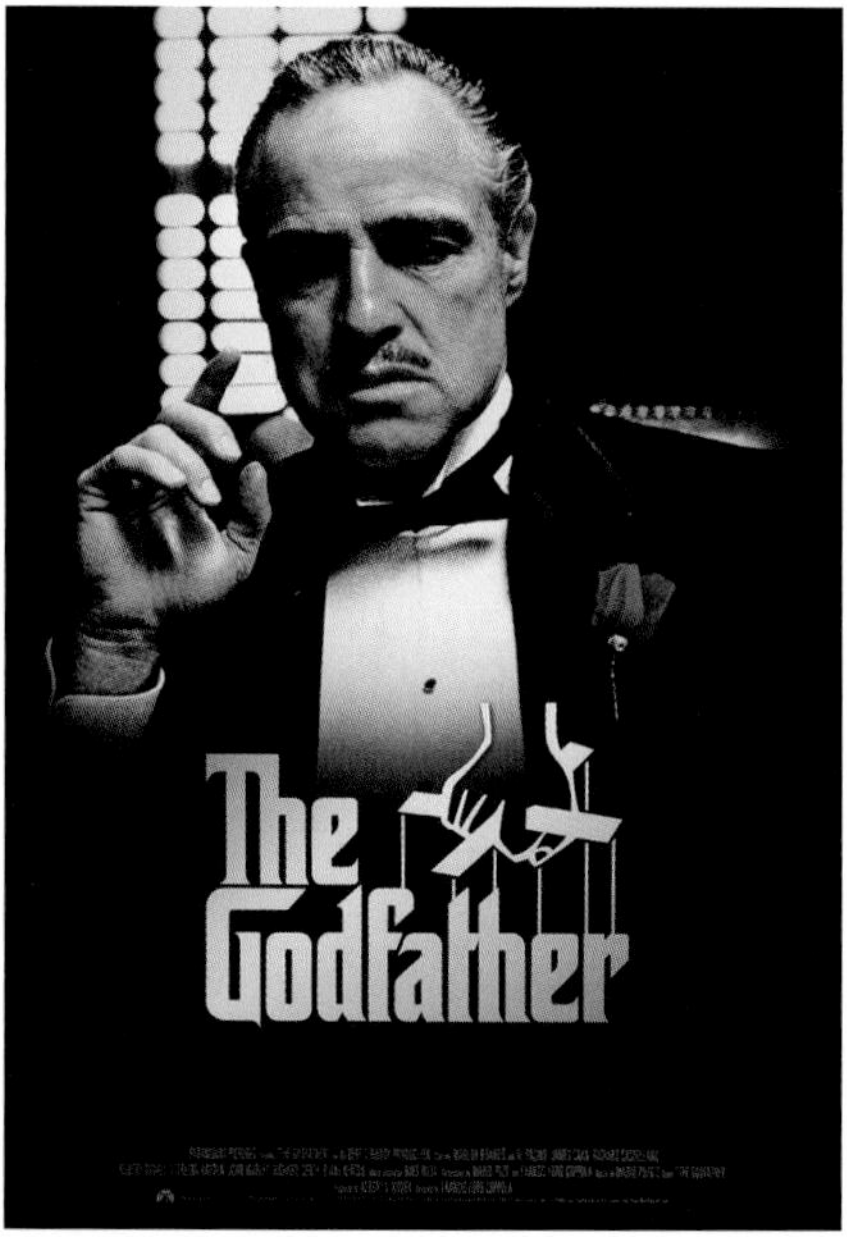

映画『ゴッドファーザー』のポスター。ゴッドファーザーの映画で描かれたマフィアの人間関係が、まさにパトロヌスとクリエンテスの関係を受け継いだものであると、本村凌二は著書『はじめて読む人のローマ史1200年』で指摘する（写真：Collection Christophel/アフロ）

二つの観点は違いますが、「パトロヌスとクリエンテス」の関係を無視しては、ローマ史を理解できないということが、分かると思います。

第四章
軍人皇帝時代から西ローマ帝国の滅亡まで

ローマにあるカピトリーニ博物館のコンスタンティヌス帝像と遺物（写真：Steve Vidler/アフロ

軍人皇帝の時代1　マクシミヌスから アエミリアヌスまで

235年にアレクサンデル・セウェルスが暗殺されて、約50年間の軍人皇帝時代が始まります。この50年の間に70人の皇帝が軍隊によって擁立されました。ただし、70人といっても、正式に元老院に承認されたのは26人です。

その多くが、イリュリア地方と呼ばれるバルカン半島西部の下層階級出身です。バルカン半島の出身者が多いのは、そこが国境紛争の最前線だったからです。多くの軍隊がいました。その皇帝は、いずれも短命政権で平均在位期間は3年未満です。さらに、26人中24人が暗殺されるか戦死しています。後の歴史家はこの時代を「三世紀の危機」と呼んでいます。厳しい時代だったのです。

五賢帝の最後のマルクス・アウレリウス帝の時代から始まった気候変動は、この軍人皇帝時代により強まります。そのため、北から南、東から西への民族移動が頻発しローマ帝国の国境は不安定になります。さらに東のパルティアや北のゲルマニアから侵略を受け、属州のガリアが反乱を起こします。

このような状況にマルクス・アウレリウスは戦争に明け暮れることになり、軍の重要性が高まることになったのです。そして、その後のセウェルス朝自体が軍人を優遇し軍に支えられていました。軍人が皇帝になるのは避けられませんでした。

最初の軍人皇帝はバルカン半島出身のマクシミヌス

軍人皇帝の最初はマクシミヌス・トラクスです。彼はバルカン半島の端に位置するトラキアの貧しい農家の出身です。身長2mにもなる巨漢で軍事的才能は非常に高かったのですが、当時の帝国のエリートたちが受けていた修辞学の教育を受けておらず、元老院で演説をすることができませんでした。そのためか、戦地を転々としローマに入ることとさえしませんでした。

彼は度重なる戦争による膨大な戦費を、属州の富裕層から徴収することで、反乱を招きます。結局、配下のイタリア人師団と親衛隊に暗殺されます。その間、マクシミヌスに膨大な軍資金を求められていた元老院は、反乱が起きた属州の総督ゴルディアヌス1世を皇帝にして、マクシミヌスに対抗しますが、ゴルディアヌス1世は共治帝として立てた息子のゴルディアヌス2世が戦死すると悲観して自殺してしまいます。その後、元老院は、元老院議員からバルビヌスとプピエヌスの二人を共治帝として立てます。しかし、この二人もマクシミヌスが暗殺された後、親衛隊に殺されてしまいます。親衛隊はこの二人を皇帝として承認していませんでした。

その親衛隊が次の皇帝にしたのが、ゴルディアヌス1世の娘の子どもであるゴルディアヌス3世です。しかし、このゴルディアヌス3世も親衛隊長のフィリップスに暗殺され、皇帝に就いたフィリップスも、軍に担がれたデキウスとの戦いの最中に戦死します。そして皇帝に就いたデキウスもゴート人との戦いで戦死するのです。

彼の後を継いだのがガッルスですが、デキウスの遺児ホスティリアヌスと共治帝となります。しかし、疫病が蔓延しホスティリアヌスを亡くすと、そのローマの混乱に乗じて国境を、北からゲルマン民族、東からはササン朝ペルシア、そしてゴート人に侵略されます。

そのゴート人を撃退したのが、ドナウ川流域の属州総督だったアエミリアヌスです。彼は兵士に担がれて皇帝に擁立されローマに攻め込みます。ガッルス軍の兵士は戦わず、ガッルスを殺し、アエミリアヌス軍に降伏したのです。

軍人皇帝一覧（元老院より認められた正式な皇帝）

皇帝名	在位	備考
マクシミヌス・トラクス	235-238	トラキアで生まれる。親衛隊に殺される
ゴルディアヌス1世	238	出生地不明。カルタゴで自殺
ゴルディアヌス2世	238	出生地不明。カルタゴの攻防戦で戦死
バルビヌス	238	出生地不明。ローマで親衛隊に殺される
プピエヌス・マクシムス	238	出生地不明。ローマで親衛隊に殺される
ゴルディアヌス3世	238-244	ローマで生まれる。メソポタミアで殺される
フィリップス・アラブス（マルクス・ユリウス・セウェルス・フィリップス）	244-249	シリア西南部のフィリッポスで生まれる。マケドニアで戦死。息子と共治帝
デキウス（ヘレンニウス・デキウス）	249-251	バルカン半島のシルミウム近くのブダリアで生まれる。モエシアでゴート人と戦って死亡。息子と共治帝
トレボニアヌス・ガッルス（ガイウス・ウィビウス・ウォルシアヌス）	251-253	ペルージアで生まれる。インテラムで配下の兵士たちに殺される。ホスティリアヌスおよび息子と共治帝
アエミリウス・アエミリアヌス	253	アフリカのジェルバ島で生まれる。スパラト近くで配下の兵士たちに殺される
ウァレリアヌス	253-260?	出生地不明。ペルシア軍に捕らえられた後、死亡
ガリエヌス	253-268	出生地不明。ミラノ郊外で側近に殺される。息子と共治帝
クラウディウス2世	268-270	イリュリクムで生まれる。シルミウムで疾病により死亡
クィンティルス	270	出生地不明。アクイレイアで自殺
アウレリアヌス	270-275	モエシアで生まれる。遠征途中に側近に殺される
タキトゥス	275-276	ドナウ川沿いの属州で生まれる。カッパドキアのテュアナで殺される
フロリアヌス	276	出生地不明。タルソスで配下の兵士たちに殺される
プロブス	276-282	シルミウムで生まれる。シルミウム近郊で親衛隊に殺される
カルス	282-283	ガリアのナルボで生まれる。クテシフォン近郊で落雷によって死亡（？）
カリヌス	283-285	出生地不明。側近に殺される
ヌメリアヌス	283-284	出生地不明。ニコメディアで殺される（？）

□ 共治帝。（ ）内息子　　ガリア帝国皇帝５人をのぞく

『教養としての「ローマ史」の読み方』（PHP研究所）より作成

軍人皇帝の時代2　ヴァレリアヌスから世界の復興者アウレリアヌスまで

　ガッルス軍を降伏させて皇帝になったアエミリアヌスですが、彼もガッルスの部下だったヴァレリアヌスの軍がローマに迫ると、配下の部下に殺されてしまいます。

　次の皇帝になったヴァレリアヌスですが、ローマ帝国史上最大の悲劇に襲われます。259年、現在のトルコの東南部エデッサで、ササン朝ペルシアのシャープール1世に惨敗を喫し多くの兵士とともに捕虜になり辱めを受けて殺されたのです。このとき、ヴァレリアヌスの軍は伝染病にかかり大量の兵士が死んで戦力が落ちていたといいます。しかし、皇帝が捕虜になり殺されたことはローマ帝国の威信を失墜させました。

当時、ヴァレリアヌスの息子で共治帝であったガリエヌスは窮地に追い込まれます。

　ガリアでは、260年、属州の総督ポストゥムスが独立を宣言しガリア帝国を作ります。ガリエヌスは反撃を試みますが成功しませんでした。ガリア帝国にはヒスパニアやブリタニアの属州も加わります。さらに、ローマ東方では、同盟国だったパルミラ王国が離反し独立します。当初、パルミラはローマの同盟国として王のオデナトゥスがササン朝ペルシアを撃退し、ガリエヌスから「東方の統治者」という称号を与えられています。さらに、オデナトゥスはペルシアの拠点のひとつであるクテシフォンを攻め落とし、小アジアではゴート人も退けています。

その後、オデナトゥスが亡くなると、王位を王妃のゼノビアが引き継ぎます。そのゼノビアは混乱するローマを尻目に、ペルシアの侵攻を防ぐという名目のもとエジプト、パレスティナ、カッパドキアを占領し息子に皇帝を名乗らせたのです。しかし、多くの問題を抱えていたガリエヌスはパルミラ王国と戦うすべはありませんでした。

結局、ローマは三つの帝国に分裂してしまいました。ガリエヌスは騎馬軍団を創設したり、父の出したキリスト教禁止令を廃止したり善政もしていますが、最後は恨みを買ったのか側近の陰謀で暗殺されています。

パルミラ、ガリアを取り戻したアウレリアヌス帝

その後を継いだのがクラウディウス2世ですが、ゴート人との戦いに遠征中、疫病に感染して亡くなります。そして、その後が、彼の弟のクインティルスですが、元老

院には承認されますが、軍は支持しませんでした。

軍が支持したのはアウレリアヌスです。彼はガリエヌスが最も信頼した将軍で、強力な騎馬隊を率いる司令官でした。バルカン半島のモエシア地方の貧しい農民の家に生まれましたが、教養も見識もあり、政治手腕にも優れていました。

アウレリアヌスは数々の功績を残しました。まずは貨幣改革です。1・5％まで落ちていた銀貨の銀の含有量を5％まで増やし、失墜していた銀貨の価値を上げることに成功します。また、ローマの市街地を城壁で囲み、外部の侵入者からローマの街を防衛しました。この城壁は「アウレリアヌスの城壁」と言われ、いまも残っています。

戦争では、ダキアの放棄があります。ダキアを放棄し国境線をドナウ川に引き直しました。これによってドナウ川を自然の要害にしてダキアの防衛にかかる費用を削減し、その兵士たちを他の戦いに派遣することができるようになりました。

そのアウレリアヌスの最大の功績はパルミラとガリアを取り返したことです。パルミラに勝利して女王のゼノビアをローマに連れてきて凱旋パレードを行い、同じくガリアの王をローマに連行して見世物にしています。これによって、アウレリアヌスはローマ帝国の再統一に成功します。そして「世界の復興者」という称号を得たのです。

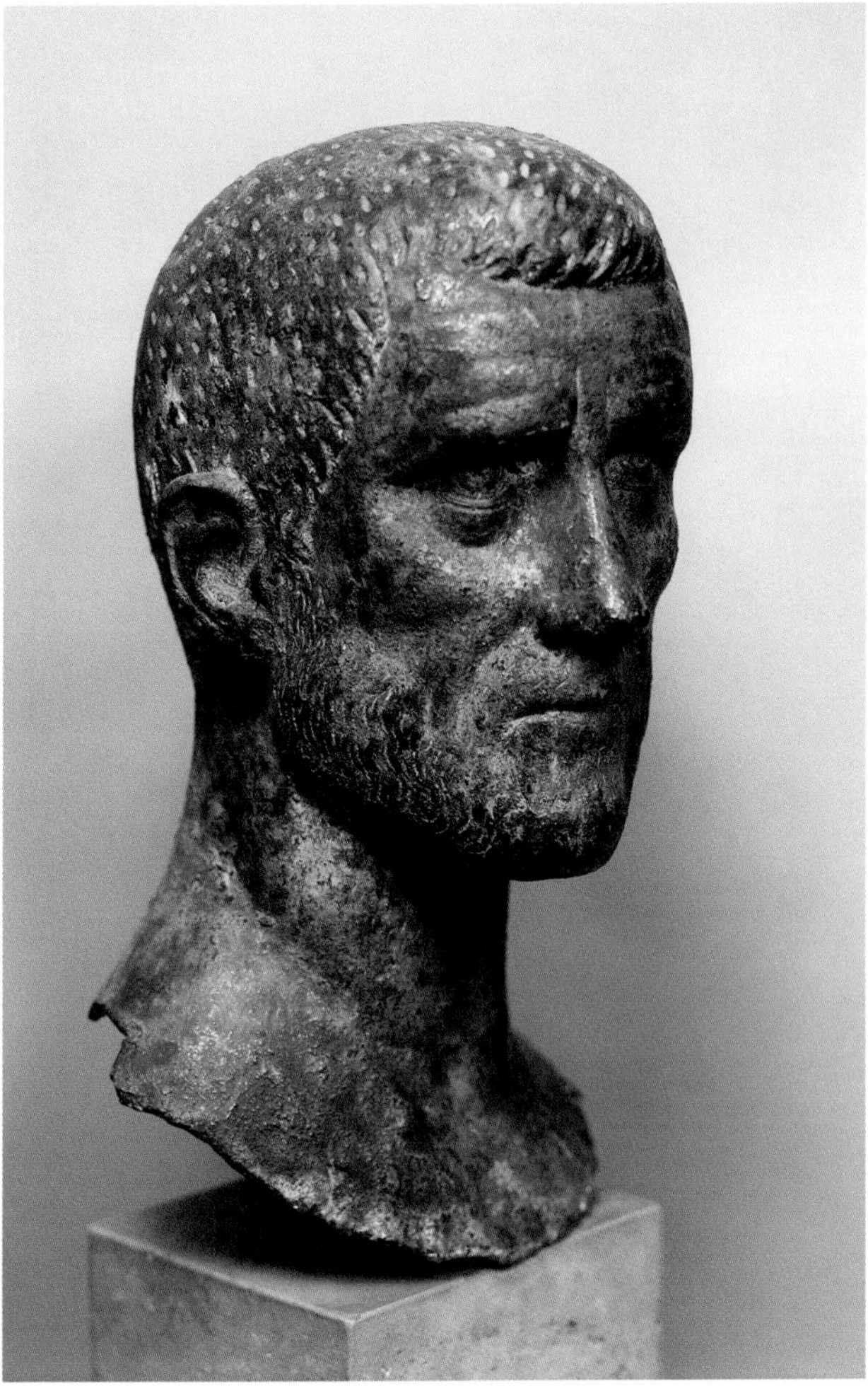

アウレリアヌスの顔像（提供：New Picture Library/アフロ）

軍人皇帝の時代3　タキトゥスからヌメリアヌスまで

アウレリアヌスの最期は側近の手による殺害です。殺された理由は明らかではありませんが、側近が自分の犯した罪で、極刑にされるのを恐れて殺害したと言われています。アウレリアヌスの死に、ローマ市民は将校から庶民まで皆泣き崩れました。

偉大な「世界の復興者」の後の軍人皇帝は137頁の一覧にもあるように、タキトゥス、フロリアヌス、プロブス、カルス、カリヌス、ヌメリアヌス（カリヌスとヌメリアヌスは共治帝）と続きます。

これらの皇帝は、皆、暗殺されるか不審死で亡くなっています。まっとうな自然死を迎えた者はいません。不幸な時代です。

タキトゥスは高齢の元老院議員で、温厚な人物だったようですが殺されています。次の皇帝、フロリアヌスは親衛隊長でしたが、たった3カ月の在位で殺されます。

プロブスはアウレリアヌスの城壁を完成させたことで知られますが、親衛隊の裏切りにあって殺されています。次の皇帝カルスはプロブスを殺して帝位に就きます。彼の場合は、ペルシアとの戦争のさなか、幕舎で雷に打たれて死んだとされています。しかし、暗殺の可能性もあったとされています。

彼の後に続く、カリヌス、ヌメリアヌスは、カルスの息子たちです。カリヌスが長男、ヌメリアヌスが次男です。カルスはふたりの子どもを後継に指名して遠征に出かけたため、ふたりは共治帝として皇位に就きます。

帝位を奪ったディオクレティアヌス

カルスがペルシアとの戦争で遠征に出かけた時、帯同していたのがヌメリアヌスです。カルスが亡くなったため、指揮権はヌメリアヌスに移りますが、彼は撤退を決め、遠征を中止します。そして、帰途につきます。

ヌメリアヌスの馬車がローマ市内に入った時、彼が馬車の中で死んでいるのが発見されました。死因は特定されていませんが、明らかに不審な死に方でした。暗殺された可能性も否定できません。

この後、皇帝に就くのが、ディオクレティアヌスです。本来であれば、カルスの長

プロブスの顔像。彼は公明正大で熱意のある皇帝と言われたが暗殺された
(写真：DeA Picture Library/アフロ)

男のカリヌスが帝位を引き継ぐべきですが、軍は284年小アジアのニコメディア（現トルコのイズミット）で、護衛部隊の司令官を務めていたディオクレティアヌスを新たな皇帝に擁立したのです。ディオクレティアヌスは、アドリア海東岸のダルマティア属州のサロナ出身で、解放奴隷の子どもといわれています。そして軍人として身を立てた典型的なイリュリア人です。

彼は、ヌメリアヌスの殺害の容疑をヌメリアヌスの養父で近衛長官だったアペルにかけ、刺殺しました。これについては逸話が残っています。ディオクレティアヌスはガリアでケルト人の祭司、ドルイド僧の女性から「イノシシを殺せば皇帝になれる」との予言を受けます。そこで彼はイノシシを殺しますが、帝位は回ってきません。実はイノシシとはアペルのことだったのです。アペルはラテン語でイノシシを意味します。

皇帝に擁立されたディオクレティアヌスはカルスの長男、カリヌスとベオグラード近くで戦います。カリヌスは当初優勢でしたが戦いの最中に側近に刺殺されてしまいます。もしかすると、この暗殺は、ディオクレティアヌスが裏で糸をひいていたかもしれません。カリヌス軍を破ったディオクレティアヌスは、その後ローマに入城し、軍人皇帝時代を終焉させ、新たな時代を切り開くことになります。

ローマ帝国を再興させた皇帝 ディオクレティアヌス

軍人皇帝時代に終止符を打った皇帝がディオクレティアヌスです。ローマ帝国末期で最大の皇帝の一人で、ローマを官僚制を基礎とする支配体制に改革した人物です。しかし、西洋社会での評判はよくありません。それは、彼がキリスト教徒を迫害したからです。彼は、ローマ帝国の権威を取り戻すために、ローマ古来の神々の信仰をローマ市民に求めました。しかし、多神教の信仰を求めるのは、一神教を信じるキリスト教徒には許されない政策でした。

298年以降、ローマの神々への崇拝を拒んだキリスト教徒への迫害が始まります。特に激しかったのが、キリスト教化が進んだ東側です。303~311年の間に数千人が殉教しています。

ディオクレティアヌスの宗教政策はうまくいきませんでしたが、その統治政策は帝国末期のローマを長期にわたって安定させました。その政策が帝国の四分割統治です。

ディオクレティアヌス帝の四分割統治

『教養としての「ローマ史」の読み方』(PHP研究所)より作成

彼は、帝位の継承に一定のルールがないことが、軍による皇帝の擁立につながったと考え、軍の同僚だったマクシミアヌスを共治帝にして、ローマの西側半分を統治させることにしました。そして自らは東側を統治したのです。

さらに副帝を設け、ディオクレティアヌスはガレリウスを、マクシミアヌスはコンスタンティウス・クロルスを指名しました。そして、この4人でローマを四分割して統治することにしました。さらに、正帝に何かあった場合は副帝が皇位に就くことにしたのです。4人の皇帝は、四分割された地域に各首都を設け、宮殿や記念碑を造り、各宮殿でペルシア風の荘厳な儀式を行いま

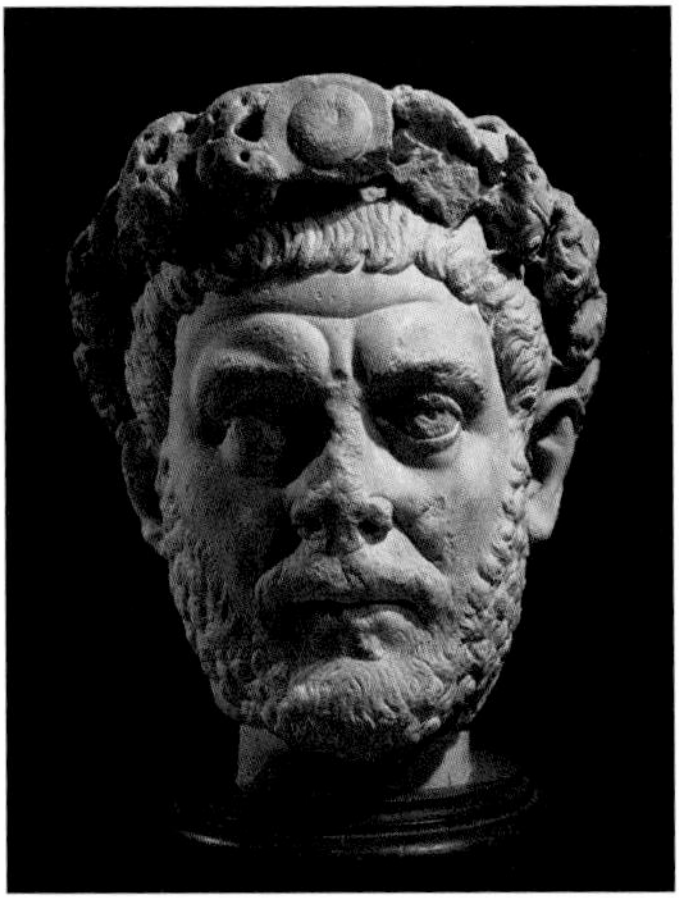

ローマ皇帝の中で唯一引退したディオクレティアヌスの顔像（提供：New Picture Library/アフロ）

した。これによって皇帝の権威を高め、神のごとく崇拝させ、暗殺を防止しようとしました。

さらに属州総督から軍の指揮権を剥奪し、属州を12の管区に分割したのです。そして官僚制を整備し直し、文官と武官を分けました。

軍を再編し皇帝直属の宮廷軍と辺境軍を設置します。この再編がうまくいき、ローマ軍はペルシアに勝利しブリタニアも再びローマの支配下に入れることに成功します。

しかし、四分割統治は、膨大な費用が掛かります。そのためディオクレティアヌスは課税制度を整えますが、一方、インフレは抑制されず物価の高騰は続きます。質の悪い銀貨（銀の含有量の少ない銀貨）が、再び蔓延するようになったためですが、これに対し彼は最高価格令を出して、物価や賃金の高騰を抑えようとします。結果は商品が店頭から消え、賃金を抑えられた労働者の貧困が激しくなっただけでした。

ディオクレティアヌスの改革は成功も失敗もありましたが、その引き際は素晴らしいものでした。いくつかの改革を成し遂げた彼は、在位23年目、61歳の時に引退します。そのとき、西のマクシミアヌスも口説いて、ともに引退したのです。

その後、彼は余生をアドリア海に面するスパラト（現スプリト）で暮らします。その間、彼が表舞台に出たのは、唯一３０８年に後継者間で争いが起こった時だけです。それを鎮めようと皇帝会議に出席しましたが、それ以降は一切表舞台に出ず、３１１年頃、静かに息を引き取ったと伝わっています。

ヴェネチアのサン・マルコ広場にある四分割統治を象徴する群像（提供：ALBUM/アフロ）

ローマ帝国を再統一したコンスタンティヌス

ディオクレティアヌスの四分割統治も、彼が皇帝に在位している時はうまく機能していましたが、彼が退くと、一気に後継者争いが起こってしまいます。ディオクレティアヌスたちの後は、東の新正帝にガレリウス、西の新正帝にコンスタンティウス・クロルスがそのまま副帝から昇格します。

しかし、問題は副帝の選定でした。東の新副帝になったのはガレリウスの嫁婿であるマクシミヌス・ダイア、西の新副帝になったのはガレリウスの友人のセウェルスです。ガレリウスの贔屓《ひいき》する者が副帝になったのです。

これに、不満を持ったのが元東の正帝だったマクシミアヌスの息子のマクセンティウスと、コンスタンティウス・クロルスの息子、コンスタンティヌスでした。この者たちが入り乱れて東西、正副の皇帝の座を求めて争います。

この後継者争いの収拾のために、ディオクレティアヌスも参加した皇帝会議が30

8年ウィーン近郊で開かれます。そこで、西の正帝に立てられたのがガレリウスの友人、リキニウスです。しかし、結局、彼も加わって覇権争いは一層激しくなってしまいました。そして、この混乱の中、最後に勝ち残ったのがコンスタンティヌスです。彼は西の単独皇帝になるだけでなく、東の皇帝も破り、ローマを再統一したのです。

新しい首都・コンスタンティノープル

コンスタンティヌス帝は、ディオクレティアヌスの改革路線を踏襲し、ディオクレティアヌスによって民政と軍政に分けられた行政官システムを皇帝直属の組織にしています。また、ディオクレティアヌスによって作られた騎馬軍団を強化し戦車部隊も含めてより機動力の高い部隊にしています。

さらに、社会と税収の安定化のために、小作農の移動を禁じ職業の世襲化を図りました。4年ごとに実施した税はかなり高く、娘を売らなければならなかったといわれるほど重い税でしたが、宮廷と軍の維持には膨大な費用が必要でした。

一方、インフレを抑えるために、質の悪い銀貨を廃止し、金の含有量を厳しく決めたソリドゥス金貨を鋳造し、さらにそれに対応した銀貨も作り地中海全域に流通させました。これにより、商業は活性化し、何世紀にもわたる通貨の安定をもたらしたのです。

そして、遷都します。324年に、コンスタンティヌスが新首都として選んだ場所はビザンティウムです。1100年前にギリシア人によって建設されました。ヨーロッパとアジアを結ぶ交易の要衝であり、二つの海峡に挟まれた天然の要塞です。ビザンティウムは、この地の利を生かし、貿易が非常に活発な商業都市に発展していました。

彼は、これをより発展させるべく都市計画を作り、330年に「コンスタンティノポリス」という自らの名前を付け、開都式を行っています。

コンスタンティヌスはギリシア諸都市から取り上げた美術品で都市を装飾しました。さらに、ユピテルやユノ、ミネルウァを祀るローマ風の神殿や宮殿を造り、教会などを次々と建設しています。

その後、この都市は「コンスタンティノープル」と呼ばれるようになり、ローマが東西に分裂した後も、東ローマの首都として、その後はイスタンブールとして繁栄を続けました。

アルバニアにあるベラート城のコンスタンティヌス像（写真：高田芳裕/アフロ）

コンスタンティヌスの最大の功績（？）、ミラノ勅令

３１３年、コンスタンティヌスが西の単独皇帝になります。そのとき、戦った相手がマクシミアヌスの息子、マクセンティウスです。

イタリアを支配していたマクセンティウスをミルウィウス橋で打ち破ります。コンスタンティヌスはマクセンティウスとの決戦に向かう途中、天空に光り輝く十字架と「汝、これにて勝て」という浮かび上がる文字を見ます。

そして、その晩、キリストが夢に現れ、「十字架の旗を守護として用いよ」と語ったのです。コンスタンティヌスは十字架の旗を掲げてマクセンティウスと戦い、勝利します。そして、それ以降、コンスタンティヌス軍は十字架を旗印とするようになったのです。これは、歴史家エウセビオスの『コンスタンティヌス大帝伝』に掲載されている伝説です。エウセビオスはコンスタンティヌスをキリスト教徒の鑑として祭り上げています。コンスタンティヌスはローマ帝国で初めてキリスト教を公認した皇帝

だからです。

キリスト教徒にも信教の自由を認めただけ

しかし、実際は、313年、コンスタンティヌスが認めたものはキリスト教徒の信仰の自由で、キリスト教を国教にしたわけではありません。以下、その勅令です。

我、皇帝コンスタンティヌスと、我、皇帝リキニウスとは、幸いにもミラノに会して公共の利益と安寧に関わる全ての事柄を協議したる時、大多数の人々にとり有益であると我等が考えた他の事柄の中にあっても先ず第一に、神格に対する敬意を堅持するような事柄が規定されるべきと考えた。即ち、キリスト者に対しても万人に対しても、各人が欲した宗教に従う自由な権能を与えることである。（西洋古代資料集。ラテン語版）

いわゆるミラノ勅令と言われるものですが、キリスト教徒だけに信教の自由を認めたわけではなく、他の宗教を信仰することも認めています。ただし、ディオクレティアヌスがキリスト教を禁教にし、迫害していましたから、キリスト教徒に信教の自由を認めたことは大きなことでした。

さらに、コンスタンティヌス帝は３２４年に帝国の単独皇帝となると、公の場で生け贄を捧げることや宗教儀礼としての肉体奉仕を禁じました。さらに教会の建設のために異教の神殿から建材を持ち出しています。そして３２５年、ニカイア公会議を開催して教義の統一を図り、異端とされた教派の追放を決定しています。

キリスト教を認めたことは、西洋社会においてコンスタンティヌスの最大の功績として称えられています。コンスタンティヌス帝は、キリスト教を認めるだけでなく、自らも最晩年には洗礼を受け信者になっています。

洗礼を受けたのは３３７年、死に臨んでのことでした。彼の葬儀はキリスト教の正式な祭式に則って行われ、彼の遺体は彼が建てた聖十二使徒教会に埋葬されました。

これは、キリスト教にとっては非常に大きな出来事でした。

バチカン市国の使徒宮殿にあるコンスタンティヌス帝への十字架の出現を描いた作品（ジャンフランチェスコ・ペンニ作、提供：Heritage Image/アフロ）

ローマ皇帝がキリスト教を認めるだけでなく、信徒としてキリスト教の祭礼で葬られたのです。

帝国が混乱する中、急速に力をつけてきたキリスト教がより大きくなっていくきっかけにもなった出来事でした。

キリスト教を批判し背教者といわれたユリアヌス

コンスタンティヌス帝が亡くなると、その後の覇権を巡って争いが起きます。軍が反乱を起こし、コンスタンティヌス帝の親族の多くが亡くなってしまいます。

結局、最後に残ったのがコンスタンティヌス帝の三男のコンスタンティヌス2世です。彼は単独統治を望まず、従兄弟のユリアヌスを留学先から呼び出し、副帝に迎えました。

ユリアヌスは不穏な地域であるガリアとライン川流域を平定すると、軍と市民から圧倒的支持を集めます。これに不安を感じたコンスタンティヌス2世はユリアヌスと対立するようになります。そのようななか、軍はユリアヌスを正帝に擁立し、コンスタンティヌス2世に承認を迫りました。

ついに、両者は対立し、争いに発展しますが、コンスタンティヌス2世は行軍の途中で熱病にかかり死んでしまいます。そして、コンスタンティヌス2世が亡くなった翌月、ユリアヌスは正式に正帝となりました。

ユリアヌスは背教者と呼ばれます。それはキリスト教を批判したからです。そればかりか、彼はキリスト教を批判できるほど、キリスト教の教義には精通していたにもかかわらず、異教を復活させることを決意します。

ローマ古来の異教を復活させようとしていたユリアヌス

ローマ帝国内にはキリスト教徒が多くなりつつあるとはいえ、まだまだ異教の信者はいました。さらに、彼は異教の徒をないがしろにしたことが、ローマ帝国の衰退を招いたと考えていました。ローマの栄光を保証してきた厳格な古来の気風を取り戻したいとも思っていました。彼はそのために、質素を心がけ、「サーカス」も好みませんでした。政策でも宮廷の人員を減らしたり、国費の節約をしたりしています。

一方、当時のキリスト教の教会は私腹を肥やしていました。貧しい人々の宗教として始まったキリスト教ですが、「富裕な人も貧しい人に施しをすれば、天国に行ける」と教会への寄付を求めたのです。裕福なキリスト教徒は、亡くなれば、教会に彼らが所有していた土地を寄進していました。

しかし、実際はそのような寄付の意思のない者からも、嘘の証文を作って土地を奪い取っていました。教会が早くも腐敗し堕落していたのです。

ユリアヌスはこのようなキリスト教の教会を強く批判しています。

「神々を恐れぬガリラヤ人」どもは、幼児を甘い菓子で何度もだますがごとく、友愛や自己犠牲という甘い言葉で、多くの人々をたぶらかし、崇めるべき神々への畏敬から遠ざけているようだ。

ただし、ユリアヌスは暴力行為を避けるため、キリスト教徒の迫害を意図してはいませんでした。それより、異教徒とキリスト教徒間の寛容を命じていたほどです。しかし、それも我慢の限度を超えました。ユリアヌスはコンスタンティヌス帝以来、キリスト教徒に与えていた特権の剥奪を決意します。

しかし、その矢先です。363年、ペルシアとの戦争の最中、流れ矢に当たってあっけなくユリアヌスは死んでしまいます。もし、彼が死んでいなければ、いまのキリスト教の隆盛はなかったかもしれません。

ユリアヌス帝の胸像（提供：Bridgeman Images/アフロ）

キリスト教を国教にしたテオドシウス

キリスト教がなぜローマで隆盛してきたのでしょうか。これへの答えを本書の監修者である本村凌二は『教養としての「ローマ史」の読み方』で以下のように書いています。キリスト教徒の増加を阻む3つの壁があったとして、その克服が、キリスト教がより多くの信者を獲得できた要因であるとしています。

「最初の壁は『民族の壁』です。

当初のキリスト教徒は、そのほとんどがユダヤ人です。つまり、ローマ人からすれば、初期キリスト教は、ユダヤ教の中の一派という認識だったのです」

これを打ち破ったのがパウロです。彼は当時のローマの公用語だったギリシア語を話すことができました。イエスが話したアラム語をギリシア語に翻訳してローマの人々に広めたのです。さらに彼はローマ市民権を与えられていたので、より広めやすかったでしょう。

ふたつ目が「階層の壁」です。これは前項でも触れましたが、貧しい層にしか広がっていなかったキリスト教の壁です。これを発想の転換で富裕層にまで広げました。「つまり、『金持ちが天国に入るのは、ラクダが針の穴を通るより難しい』という教えを『金持ちでも貧しい者に施しをすれば救われる』と解釈して説くことで、富裕層の人々を少しずつ取り込んでいったのです」

そして、三つ目の壁が「居住地の壁」です。

これは、ローマ帝国が広がる中で、自然と「大都市に集中していた信者が、もう少し小さな都市や周辺の農村部へ広がっていった」といいます。

国教となって、より広がったキリスト教

さらにもうひとつ、キリスト教が世界宗教となるほど広がった理由があります。それが、ローマ皇帝がキリスト教の信者となり、国教としたことです。

下から徐々に増えてきたキリスト教徒が、国教となることで一気に増大しました。国教にしたのはテオドシウスです。ユリアヌスの亡くなった後、いつものごとく皇位を巡ってローマは争いと混乱が起きますが、それを制したのが、スペイン出身のテオ

ドシウスでした。

彼は皇位に就くとキリスト教の洗礼を受け、380年、キリスト教を国教としました。コンスタンティヌス帝の時代からキリスト教徒は一気に増えていました。皇帝が信者となったのですから増えるのもわかりますが、ついに国教になったのです。

テオドシウスは、キリスト教を保護する一方で、異教徒とその神殿を攻撃する迫害者となりました。いままでとは一気に逆転です。そして、ローマ古来の宗教は消滅しました。元老院議事堂から勝利の女神像は撤去されました。アレクサンドリアのセラピス神殿は破壊され、古代ローマ文化の集積場所だったアレクサンドリア図書館は略奪で荒廃します。わずか数年で古代の千年以上にわたる文化的、宗教的規範が蹂躙されてしまったのです。

彼はキリスト教を国教としますが、だからと言って、国が救われたわけではありません。帝国はあらゆる方面から侵略を受け、特にゴート人から包囲されるようになります。しかし、軍の志気は上がらず、逆にゲルマン人の将兵が増えました。

しかし、このような危機的状況が、逆に、現世以外に至福の王国を求めるキリスト教に惹かれる民衆を多く生み出したのです。

テオドシウス帝を洗礼する聖アンブローズ（サブレイラス・ピエール作、ウンブリア国立美術館、提供：Mondadori/アフロ）

ついに終焉を迎えた西ローマ帝国

テオドシウスが亡くなると、二人の息子がローマ帝国を2分して帝位を引き継ぎます。長男アルカディウスが東ローマ帝国の、次男のホノリウスが西ローマ帝国の皇帝になります。二人はまだ若く長男が18歳、次男が11歳でした。

当時の東ローマ帝国と西ローマ帝国は経済的に大きく開きがあり、東西の交通の要衝となっていた東ローマ帝国は交易で富を維持できましたが、西ローマ帝国はそうではありませんでした。

人口も減少し、狭い州内の交易がほとんどで、国を支えるほどの富を生み出しませんそれでも高い税がかけられるため、都市の富裕層は農村に逃げ出します。そのため都市はすたれ、農村もそれほど富を生み出しませんでした。そのような帝国の皇帝を11歳の少年が担うのは荷が重すぎました。

このような時期に、西ゴート族のアラリックはローマを攻めてきました。このアラリックに対抗したのが、ゲルマン人の将軍スティリコでした。ホノリウス帝を守るため属州の軍に声をかけ自らも戦い、西ローマ帝国の再興を果たさんとしたのです。

当時のローマ軍はゲルマン人の兵士が多くいました。その中には高級武官もいました。スティリコがその一人です。彼らは安い棒給でも我慢して働き、帝国に忠誠を誓った者もいます。しかし、一方で、ゲルマン人として差別を受けていました。ローマ人は寛容だといわれますが、その精神は崩壊していました。

西ゴート族の王に占領されたローマ

ゲルマン人のスティリコも、敵のゲルマン人と通じているという讒言《ざんげん》から処刑されてしまいます。408年のことです。それから2年、西ゴート族の王アラリックはローマを包囲します。

紀元前389年のガリア人ブレンヌス以来、ローマは3度の包囲攻撃の後に占領され、略奪されます。しかし、アラリックは略奪をすますと、ローマから引き揚げていきました。

この当時、すでに西ローマ帝国内には異民族の独立政権が多く誕生していました。

アラリックもその政権を担う王の一人です。彼はもともとローマ軍傘下のゴート人部隊長でしたが、過酷な待遇に反発し、軍を飛び出て王を名乗り、西ゴート王国を作ります。

このように、西ローマ帝国内には、いくつもの政権ができていたのです。イタリア半島には東ゴート族による東ゴート王国、カルタゴにはヴァンダル族のヴァンダル王国、ガリアにはブルグンド族のブルグンド王国など、いくつもありました。

すでに西ローマ帝国は国の体をなしていなかったのです。

そして、476年、ゲルマン人傭兵オドアケルが、西ローマ帝国の少年皇帝ロムルス・アウグストゥルスに退位を迫りました。オドアケルはロムルスを退位させると、自ら皇帝に就くことなく、帝位を東ローマ帝国に戻しています。

ついに、ここに、西ローマ帝国は消滅してしまいました。ローマ

ゲルマン人の移動

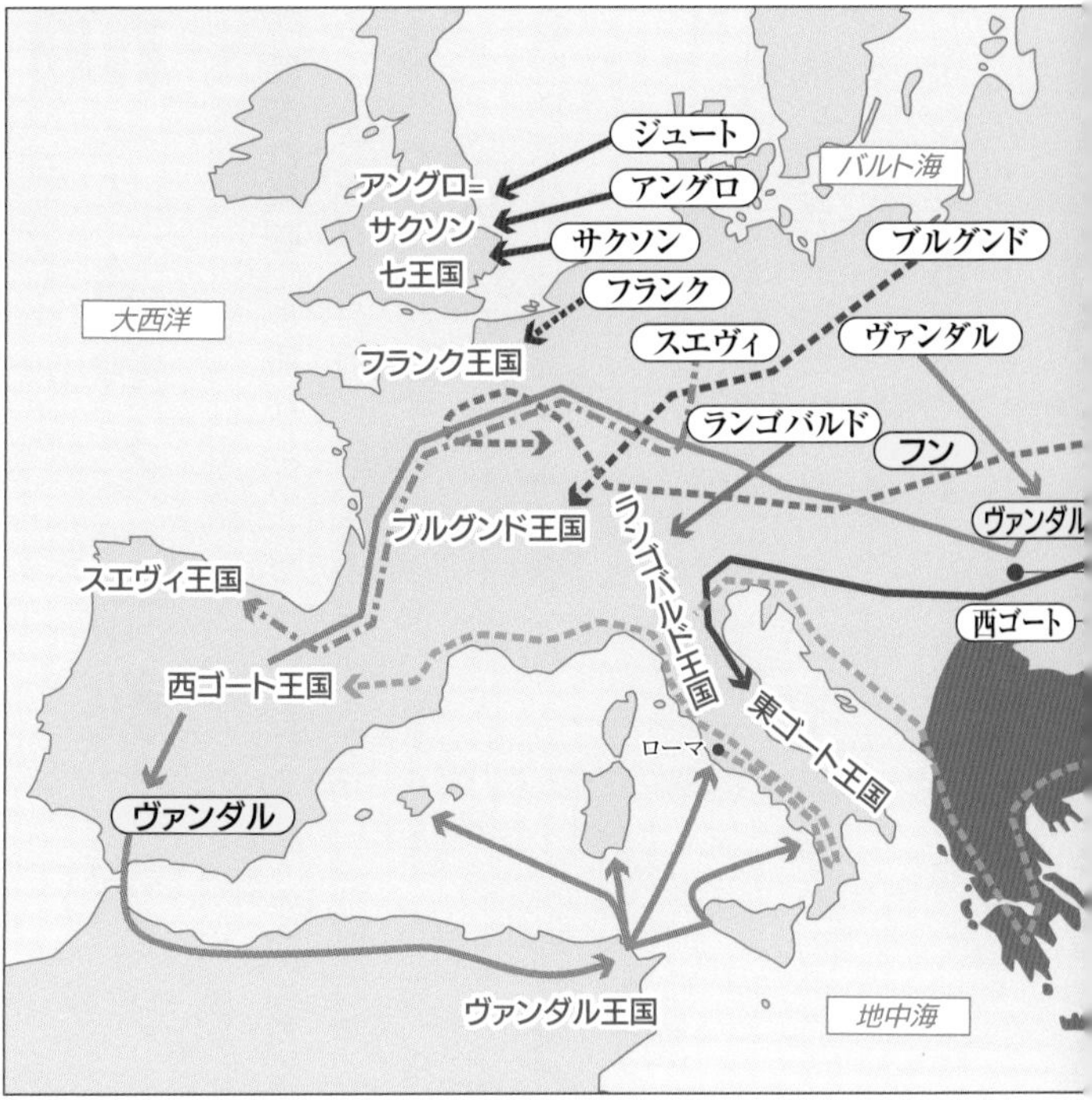

帝国がテオドシウス帝後に東西に分裂してから80年間の短い期間しかもちませんでした。

ちなみに、西ローマ帝国の崩壊を、４１０年のアラリックによるローマ占領を指す考え方もありますが、一般的にはこの４７６年をもって西ローマ帝国の終焉としています。

COLUMN 5

ローマ史を愉しむ鍵5

「多神教と一神教」

日本の神道は多神教といっていいでしょう。非常に多くの神様がいます。天照大神を中心に八百万の神々がいます。同じように、世界の国々、地域も古代はほとんどが多神教でした。ユダヤ教という例外はありますが、この宗教はユダヤ人だけのものでした。現在は、このユダヤ教から発生したキリスト教、イスラム教、インド発祥の仏教が世界3大宗教として、世界の多くの人々の信仰を集めています。

ローマ人ももともとは多神教でした。なおかつ、いまの日本人のように行事の時だけ神様に祈るような浅いものではなく、高い宗教的敬虔さを持っていました。日本も古代は、天皇が祭祀の中心にいて祭政一致の政治を行っていました。古代は現代ほど科学が発達していなかったので、神様の啓示が政治の方向性を決めていました。

それでも、ローマ人は宗教心が強かったようです。ギリシア人でギリシアもローマも知る歴史家のポリュビオスは、次のように述べています。

「ローマは宗教において他の国々にも勝るのではないだろうか。他国なら迷信とされることでも、ローマでは国家統合の要をなすものである。いずれの宗教行事も壮麗に執り行われ、公人としても私人としても市民の生活をはっきりと規制している」

多神教から一神教に変わったローマ

このローマが多神教から一神教に変わります。キリスト教の隆盛です。コンスタンティヌス帝がキリスト教を公認し、テオドシウス帝が国教としました。これによってキリスト教が世界宗教へと発展していきます。

この頃はローマの国力が衰退に向かっていった時代です。キリスト教が発展した理由については、本書の監修者、本村凌二が語っています。

「ローマの国力が低下し、不安定な社会のなかで、古来の人間関係が揺らぎ、人と人との結びつきが弱まったために、人々が個々に救いを求めた結果だったのです。

私はキリスト教がローマ人の不安な心をつかんだ理由として、次の三つが挙げられると考えています。ひとつは、神の子が人々の犠牲のなるという物語のわかりやすさ。ふたつ目は抑圧された人々の怨念。三つ目が心の豊かさを求める際のローマ人の禁欲

ネロ時代のキリスト教殉教者を描いた『信仰の勝利』。このような迫害、弾圧の時代を経て国教へと発展したキリスト教（ティリオン・ウジェーヌ・ロマン作、提供：Mondadori/アフロ）

的態度です」（『はじめて読む人のローマ史1200年』より）

この三つ目に対して、本村はより詳しく説明しています。

「父祖の遺風を大切にし、常に自分の行動を律してきたローマ人にとって、物欲や色欲といった人間の欲望を汚れたものと見なすキリスト教の禁欲意識は、繁栄のあとの衰退の虚しさを感じ、物よりも心の豊かさを求めていた帝政末期のローマ人の心と触れ合うところがありました」（同書）

社会や自らが危機に陥った時、神に救われたいという気持ちは誰しもが持ちます。そのとき、その人が培ってきた心とその神様の教えが重なれば、その人の心をつかむのでしょう。まさしくローマ人にとってキリスト教がそうだったのかもしれません。

終章
ローマ帝国の崩壊とその理由

東ローマ帝国時代に建てられたキリスト教正教会総本山のアヤソフィアの内部。その後、オスマン帝国によって改修されている（写真：ZUMAPRESS/アフロ）

東ローマ帝国の1000年後の終焉

476年に西ローマ帝国が消滅した後、東ローマ帝国は1453年まで存続します。西ローマ帝国より1000年近く存続したことになります。166頁でも書きましたが、東ローマ帝国は交通の要衝にあり、貿易で富を保持することができ、その富が帝国を支えました。しかし、それだけではなく有能な皇帝も輩出しています。そのひとりがユスティニアヌスです。彼はローマを含むイタリア半島の奪還に成功しています。

彼には素晴らしい武将と妻がいました。武将は東ローマ帝国でも1、2を争う名将といわれたベリサリウスです。彼は535年に東ゴート族が支配するイタリアに遠征し、まずシチリア島を制圧しています。さらに、本土に上陸し、536年末にはローマの都に入城したのです。そして、東ゴート軍に反撃されるも都を守り抜き、540年には北上して東ゴート王国の王都ラヴェンナを占領しています。その後、彼は、軍を離れている559年、トルコ系のコトリグル族の大軍が首都のコンスタンティノープルに接近してきた時、少数の志願兵を率いて出撃し、撃退したのです。

妻のテオドラは踊り子から皇后まで昇りつめた女性です。皇帝の政策に反対する元老院議員たちが暴徒と一緒に、コンスタンティノープルの街を焦土と化し、宮殿に迫っている時、ユスティニアヌスは宮殿から逃げようとしますが、それをテオドラは引き止めます。そして言い放ったのです。「私は『帝衣は最高の死装束である』という古の言葉が正しいと思います」と。これを聞いたユスティニアヌスは宮殿からの脱出を思いとどまり、軍の出動で窮地を脱します。

功績を上げる皇帝の傍《そば》には、それを成し遂げさせる武将や妻、側近がいるのです。ただし、武将のベリサリウスは身内が皇帝暗殺未遂事件に関与したため、有罪判決を受け1年間謹慎しています。また、妻のテオドラも出自を問われ、歴史家のプロコピウスから「徒歩で行く売春婦」と蔑まれています。有能な者に対する嫉妬や妬みはかなり激しいものだったようです。

最後の皇帝、コンスタンティノス11世

その後、東ローマ帝国はヴェネチアなどのイタリア諸都市の商人への特権付与や、

傭兵の大規模な導入などで、帝国そのものの経済力や軍事力は落ちていきます。

12世紀には、十字軍によって首都のコンスタンティノープルを一時奪われ、ラテン帝国の成立を許してしまいます。1261年にそのラテン帝国を倒しますが、その後もモンゴル帝国やオスマン帝国の進攻に襲われます。

ついに、東ローマ帝国も終わりの時がきます。オスマン朝トルコのスルタン、メフメト2世が十万を超える大軍で迫ってきました。迎え撃つのはたった7000の東ローマ軍。相手方には東ローマ軍が高価すぎて買うことのできなかった新兵器の大砲がありました。1453年4月11日に砲撃が開始されます。しかし、守備隊の奮闘もあり1カ月以上、大城壁は突破されることはありませんでした。

それに対し、メフメト2世は皇帝の命と財産、モレアスの領有を認める代わりに降伏を求めます。しかし、最後のローマ皇帝コンスタンティノス11世は、これを断ります。そして、5月29日、最後の攻撃が始まります。奮闘していた守備隊の前線が突破されます。そのとき、コンスタンティノス11世は、「神よ、逃れんとする者を助け給え、死なんとする者は我と共に戦い続けよ」と言い、戦場に突入しそのまま戦場の露と消えたのです。その後の行方は分かっていません。

ここに、1000年以上続いた東ローマ帝国は終焉しました。

コンスタンティノス11世の像（写真：アフロ）

ローマ帝国が滅んだ理由とは？

ここまで、古代ローマの成立から帝国の崩壊まで見てきました。地中海を取り囲む大帝国を築いたローマ帝国はなぜ滅んだのでしょうか。そして、そこには現代人にも学ぶべきことはあるのでしょうか。

本書の監修者である本村凌二は『はじめて読む人のローマ史1200年』で、ローマ帝国が滅んだ理由について、「これは簡単に答えられる問題ではありません。『ローマは1日にしてならず』という言葉がありますが、滅びるときも1日にして滅んだわけではないからです。さまざまな要因があり、それらが連鎖反応して、さらに別の出来事を引き起こしてローマの体力を奪っていったというのが真実です。

ですから、ローマが滅亡した理由をあえて一言で言うなら『国力の低下』としか言いようがないと思います」と語っています。

では、何が国力を奪ったのでしょうか。

「そのひとつは異民族の侵入です」（中略）「昔から異民族は常にローマを狙い、隙あるごとに侵入していたのです。それが帝国末期に大問題に発展したのは、異民族の数が多かったこともあるのですが、それ以上に大きいのは、ローマにそれを撥ね除けるだけの力が失われていたことです」（同書）

現代でも移民問題はあります。日本でこそ、それほど大きな問題になっていませんが、ヨーロッパやアメリカでは政権を揺るがすほどの大問題です。国の繁栄を考えた場合、やはり移民問題は避けて通れない課題です。

ローマ史は現代を見つめなおす鑑

そして、本村はローマ帝国の国力が落ちた理由として「インフラの老朽化」を挙げています。インフラの老朽化は経済力の衰退を最も表すものです。現在の日本も高度成長期から50年以上が経ち、さまざまなインフラの老朽化が問題になっています。ただし、まだまだ日本政府や自治体にはそれを補修していく予算は持っています。

しかし、個人はどうでしょうか。亡くなった両親の住んでいた空き家を売ることも解体することもできずに放置されるケースが目立っています。これは人口減少が生み

出す結果のひとつです。これも大きな課題ではないでしょうか。

さらに、「軍事費の肥大化」という問題があります。本村は『教養としての「ローマ史」の読み方』で、「前近代社会というのは、国家予算の3分の2は軍事費というのが当たり前の世界で、その中でさらに軍事費を強化しなければならないとなると、徴税を強化するしかありません。世の中が乱れ、経済が低迷する中、民衆の負担を増やせば、当然の結果として皇帝への忠誠心が失われ、権力の低下に繋がります」

現在、日本でもウクライナ戦争の影響から、防衛費の増額が進んでいます。それが増税につながることは、日本人の誰もが気がついていることです。失われた30年から、経済の復興がまだまだ進んでいない現在、増税は国民にとって、かなりの負担になります。これが、国力の低下に繋がっていかないか、一つの課題だと思います。

古代ローマの歴史は、共和政から帝政に変わ

ローマの人々を支えたインフラのひとつ。フランスのガルドン川にかかる水道橋＝ポン・デュ・ガール（写真：Arco Images/アフロ）

り、世界一の版図を持つ繁栄から消滅へと進んでいきます。そこには、さまざまな教訓と気づきを私たちに与えてくれます。

なぜ、ローマ帝国は滅んだのか、それを学び、いまの私たちの社会と比べてみるのも、将来への大切な指針になるのではないでしょうか。ローマ史は現代を見つめなおす大きな鑑なのです。

【おわりに】西ローマ帝国後のローマ、中世からルネッサンスまで

ここでは、東ローマ帝国が存続していた間の、西ローマ帝国消滅後のローマに触れます。この時代はキリスト教の教皇の力が非常に強くなる中世の時代で、近代へ向かう大きな変動期でした。

私たちが現代のローマを旅すると、古代ローマの象徴であるコロッセオやフォロ・ロマーノに触れるだけでなく、必ず、バチカン宮殿に向かうはずです。

そして、バチカン宮殿の最後にはシスティーナ礼拝堂で天井を見上げながらミケランジェロの壁画を見るでしょう。これだけでも、この時代の息吹を感じると思います。

西ローマ帝国が消滅する前後に、ローマは西ゴート族、ヴァンダル族、東ゴート族に蹂躙され、一時は100万人いた人口も10分の1に激減します。そして皇帝のいないローマ市はローマ教皇が管理・運営するようになります。

イタリア半島は東ゴート王国の支配のもとに置かれますが、東ローマ帝国が東ゴー

ト王国を倒すと、ローマはラヴェンナに置かれた東ローマ帝国総督府の管理下に置かれることになります。

しかし、そのラヴェンナがゲルマン人のランゴバルド王国に占領されると、ローマ教皇は教義が分かれ対立しつつあった東ローマ帝国ではなく、ヨーロッパで台頭していたフランク王国のピピン3世に、助けを求めたのです。そして、ピピン3世はランゴバルドをラヴェンナから追い払い、その地を教皇に寄進しました。こうして教皇領を得たローマ教皇は世俗君主といってもいいようになります。

726年東ローマが偶像崇拝禁止令を出すと、偶像や絵画によって宣教していたローマの教会との対立は、より大きくなります。

その後、800年にローマ教皇レオ三世がピピンの息子カールをローマ皇帝に戴冠すると、ローマ教会の東ローマ帝国との対立は決定的になります。そして、1054年に東西の教会は相互破門し、完全に決裂しました。

ローマ教皇国家のローマ

西ローマ帝国が消滅してからのローマはローマ教皇の国家といっていい存在でした。

教皇は荘園を所有しており、そこから膨大な富を得ます。それによって権力も得ました。同時に腐敗も始まり、聖職の売買も行われるようになります。そこにローマ皇帝が介入してきたのです。これに対して教皇グレゴリウス7世は、叙任権闘争をし、皇帝の叙任権の禁止、売買の禁止を決め、それに立ち向かってきたローマ皇帝のハインリッヒ4世を破門します。そしてハインリッヒは教皇に謝罪しました。これが有名なカノッサの屈辱です（1077年）。これほどまでに教皇の力は強くなります。そしてトルコ系のセルジューク朝が聖地エルサレムを占領したことに対し十字軍の遠征が始まり、ローマ教皇もこれに協力します。

13世紀に入ると、商業と貿易が活発になり、教会も潤います。そのなかで、フランス王フィリップ4世が教会にも課税しようとし教会と対立します。そして、彼は1303年、アナーニの別荘に滞在中の教皇を襲撃するのです。教皇は逃げますが途中、憤死してしまいます。さらに、フィリップ4世は教皇庁をフランスのアビニョンに移転させます。有名なアビニョン捕囚です。これによって、厖大な権力と富を得ていたローマ教会の権威は地に落ちることになります。

そして、14世紀後半、ヨーロッパは未曽有の危機に陥ります。ペストの大流行です。

バチカン宮殿のシスティーナ礼拝堂（写真：picture alliance/アフロ）

しかし、それを乗り越えたイタリアは、15世紀に入ると、かつての十字軍の遠征と貿易から利益を得て、ルネッサンスを始めます。多くの芸術家が生まれ、バチカンのローマ教会もミケランジェロにシスティーナ礼拝堂の絵画を手掛けさせるなどパトロンになります。そして、16世紀後半、ヨーロッパは大航海時代に突入するのです。世界の海は地中海から外洋へと変わっていきました。

そして、ローマ帝国を生み出した地中海からは、もう世界の覇者は出なくなったのです。

主なローマ皇帝の在位表

※本書で登場した皇帝の在位表です。

アウグストゥス（前27～後14）
ティベリウス（後14～37）
カリグラ（37～41）
クラウディウス（41～54）
ネロ（54～68）
ウェスパシアヌス（69～79）
ティトゥス（79～81）
ドミティアヌス（81～96）
ネルウァ（96～98）
トラヤヌス（98～117）
ハドリアヌス（117～138）
アントニヌス・ピウス（138～161）

マルクス・アウレリウス（161～180）
ルキウス・ウェルス（161～169）
コンモドゥス（176～192）
ペルティナクス（193）
ディディウス・ユリアヌス（193）
セプティミウス・セウェルス（193～211）
カラカラ（198～217）
ゲタ（209～212）
マクリヌス（217～218）
エラガバルス（218～222）
アレクサンデル・セウェルス（222～235）

※軍人皇帝は137頁に掲載
ディオクレティアヌス（284〜305）
マクシミアヌス（286〜305）
※以下、正帝の期間のみ
コンスタンティウス・クロルス（305〜306）
ガレリウス（305〜311）
セウェルス（306〜307）
マクセンティウス（306〜312）
コンスタンティヌス（306〜337）
リキニウス（308〜324）
マクシミヌス・ダイア（309頃〜313）
コンスタンティヌス2世（337〜340）
ユリアヌス（360〜363）
テオドシウス（379〜395）

●西ローマ皇帝
ホノリウス（393〜423）
ロムルス・アウグストゥス（475〜476）

●東ローマ帝国
アルカディウス（383〜408）
ユスティニアヌス（527〜565）
コンスタンティノス11世（1449〜1453）

古代ローマ史年表（西ローマ帝国滅亡まで）

年	出来事
前753	ローマの建国（伝説）
509	共和政開始（エトルリア人の王を追放）
494	護民官設置
472	平民会設置
450	十二表法制定
396	ウェイイ占領
367	リキニウス・セクスティウス法制定
343	サムニウム戦争（〜290）
312	アッピア街道着工
287	ホルテンシウス法制定
282	中部イタリアを制圧
264	第一次ポエニ戦争（〜241）
218	第二次ポエニ戦争（〜201）
216	カンナエの戦い
202	ザマの戦い
168	マケドニア王国を滅ぼす
149	第三次ポエニ戦争（〜146）
146	カルタゴ滅亡
	マケドニア・ギリシアを属州とする
135	シチリア島の奴隷反乱
133	グラックス兄弟の改革（〜121）
	ヒスパニア制圧
107	マリウスの軍制改革
82	スッラの独裁（〜79）
73	スパルタクスの反乱（〜71）
64	シリア制圧
60	第一回三頭政治（〜53）

58	カエサルによるガリア征服
53	カルラエの戦い、クラッスス戦死
49	カエサルとポンペイウスの内乱（〜46）
45	カエサル、インペラトルになる
44	カエサル暗殺
43	第二回三頭政治（〜31）
31	アクティウムの海戦
27	オクタウィアヌス、アウグストゥスの称号。帝政始まる
後64	ネロ帝、キリスト教徒迫害
79	ヴェスヴィオ火山噴火
80	コロッセオ完成
96	五賢帝の時代（〜180）
212	カラカラ帝、アントニヌス勅令発布
226	パルティアが滅び、ササン朝始まる
235	軍人皇帝時代（〜284）
260	エデッサの戦い

284	ディオクレティアヌス帝の統治（〜305）
293	四分割統治始まる
303	キリスト教徒への大迫害
306	コンスタンティヌス帝の統治（〜337）
313	ミラノ勅令
325	第一回ニカイア会議
330	コンスタンティノポリス遷都
375	ゲルマン民族大移動
380	キリスト教の国教化
392	キリスト教以外の宗教厳禁
395	ローマ帝国、東西に分裂
410	西ゴート王のアラリックがローマに侵攻
476	西ローマ帝国滅亡

主な参考文献

『はじめて読む人のローマ史1200年』（本村凌二著、祥伝社新書、2014年6月刊）
『教養としての「ローマ史」の読み方』（本村凌二著、PHP研究社、2018年3月刊）
『教養としてのローマ史入門』（出口治明・上野真弓著、世界文化社、2023年2月刊）
『ローマ帝国の衰退』（ジョエル・シュミット著、西村昌洋訳、白水社、2020年7月刊）
『軍人帝国のローマ』（井上文則著、講談社選書メチエ、2015年5月刊）
『図説 古代ローマ軍 武器・防具・戦術大全』（レッカ社編著、カイゼン、2013年8月刊）
『（抄訳）ローマ建国史（上・下）』（リヴィウス著、北村良和編訳、PHP研究所、2010年10月刊）
『ローマ史（上・下）』（テオドール・モムゼン著、杉山吉朗訳、文芸社、2012年12月刊）
『ローマ帝国大図鑑』（ナイジェル・ロジャーズ著、田中敦子訳、ガイアブックス、2013年12月刊）
『エトルリア人』（ドミニク・ブリケル著、平田隆一監修、斎藤かぐみ訳、白水社、2009年1月刊）
『図説 ローマ帝国衰亡史』（エドワード・ギボン著、吉村忠典・後藤篤子訳、東京書籍、2004年8月刊）
『ビザンツ帝国』（中谷功治著、中公新書、2020年6月刊）

監修者プロフィール

本村凌二（もとむら　りょうじ）

東京大学名誉教授。博士（文学）。1947年熊本県生まれ。1973年一橋大学社会学部卒業、1980年東京大学大学院人文科学研究科博士課程単位取得退学。東京大学教養学部教授、同大学院総合文化研究科教授を経て、2014年4月~2018年3月まで早稲田大学国際教養学部特任教授。専門は古代ローマ史。『薄闇のローマ世界』（東京大学出版会）でサントリー学芸賞、『馬の世界史』（講談社現代新書）でJRA賞馬事文化賞、一連の業績にて地中海学会賞を受賞。著作に『地中海世界とローマ帝国（興亡の世界史）』（講談社）、『多神教と一神教』（岩波新書）、『はじめて読む人のローマ史1200年』『ローマ帝国 人物列伝』（共に祥伝社新書）、『教養としての「世界史」の読み方』『教養としての「ローマ史」の読み方』（共にPHP研究所）、『独裁の世界史』『テルマエと浮世風呂 古代ローマと大江戸日本の比較史』（共にNHK出版新書）など多数。

スタッフ

編集・執筆／小林大作、九鬼淳、下高幸助、松林圭太
本文デザイン&DTP／株式会社ユニオンワークス
カバーデザイン／妹尾善史（landfish）

宝島社新書

カラー版
世界の教養が身につく
ローマ史の愉しみ方

（からーばん　せかいのきょうようがみにつくろーましのたのしみかた）

2023年9月22日　第1刷発行

監　修　本村凌二
発行人　蓮見清一
発行所　株式会社　宝島社
〒102-8388 東京都千代田区一番町25番地
電話：営業　03(3234)4621
編集　03(3239)0927
https://tkj.jp
印刷・製本：サンケイ総合印刷株式会社

ISBN 978-4-299-04723-6